AF244421

1070

MEMOIRE

SUR LES PRÉTENDUS

ÉMIGRÉS SAVOISIENS,

DÉDIÉ A LA NATION FRANÇOISE

ET

A SES LÉGISLATEURS.

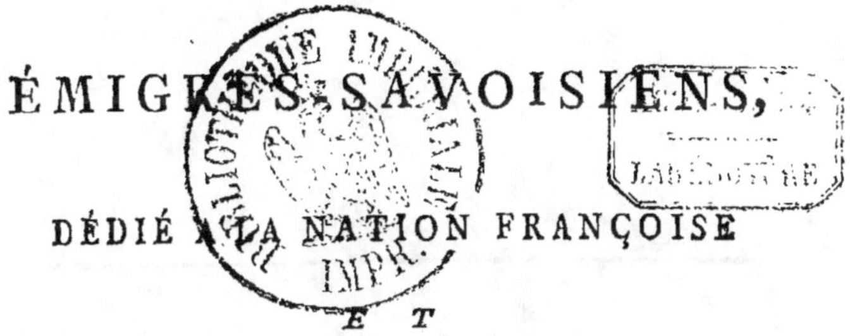

Nullum imperium tutum nisi benevolentiâ munitum.
C. Nepos.

1796.

NB. *Quoique l'Auteur de ce mémoire se trouve plus particuliérement appelé par sa position à s'occuper des Réfugiés Savoisiens, il est clair cependant que la plupart des moyens qu'il emploie, sont communs aux Réfugiés Niçards : il y a des différences locales, mais la cause est la même.*

MEMOIRE

Parmi cette foule de phénomènes particuliers dont la réunion forme le grand phénomène de la Révolution Françoise, il faut sans doute distinguer celui qui fait le sujet de ce mémoire.

Le Duché de Savoie & le Comté de Nice étant menacés par les armes françoises, une foule d'habitans jugèrent prudent de passer en Piémont. D'autres, qui eurent le courage d'attendre les Conquérans, n'en eurent point assez pour supporter les horreurs du règne de Robespierre : ils partirent aussi pour mettre à couvert leur liberté & leur vie.

Quoique le séquestre eut été jeté sur leurs biens, il leur en coûta peu de supporter cette injustice : ils voyoient dans un avenir rapproché, un Traité de paix qui remettroit toutes les choses à leur place. Qui pouvoit prévoir la capitulation du 15 Mai dernier? Mais c'est le caractère général de cette Révolution & de l'épouvantable guerre qu'elle a produite, que les événemens démentent constamment les vraisemblances & trompent toute la prudence humaine. L'apathique Italie a laissé briser ses portes : après quatre ans d'un combat trop inégal, le noble gardien des Alpes, ifolé, a fuccombé fous le nombre; il eſt tombé. Le vaincu n'a pu ſtipuler pour ſes fideiles & courageux fujets; & le vainqueur, content de ſes lauriers, n'a pas cherché une gloire plus douce. Ces hommes, qui ont paſſé d'une Province conquiſe dans une qui ne l'étoit pas, pour s'attacher à leur Souverain légitime, font traités d'*Emigrés* & mis fur la ligne des *Emigrés François* : ils lifent avec terreur dans cette Capitulation du 15 Mai, l'Art. 5, qui les proſcrit (1); & l'Art. 9, qui femble les fauver (2), n'eſt pas capable de les raſſurer, puifque les féqueſtres font entretenus, & que les ventes mêmes ſe préparent de toute part.

Cependant ils ſe taifent! Jamais le mouvement révolutionnaire ne produifit de plus grande injuſtice, & jamais événement ne fut plus inçonnu de l'Europe & de la France même. Une ſtupeur inexplicable enchaîne toutes les langues, & l'innocence égorgée n'a pas encore pouſſé un cri public. Privée de

---

(1) *Le Roi de Sardaigne s'engage à ne pas permettre aux Emigrés ou déportés de la République Françoiſe, de s'arrêter ou féjourner dans ſes Etats. Il pourra néanmoins retenir à ſon ſervice les Emigrés ſeulement des Départemens du Mont-Blanc & des Alpes Maritimes, tant qu'ils ne donneront aucun ſujet de plaintes &c.*

(2) *La République Françoiſe & S. M. le Roi de Sardaigne s'engagent à donner main levée du ſéqueſtre de tous effets, revenus, ou biens faifis, confifqués, détenus ou vendus, fur les citoyens ou ſujets de l'autre Puiſſance, relativement à la guerre actuelle, & à les admettre reſpectivement à l'exercice légal des actions ou droits qui pourroient leur appartenir.*

(5)

tous ses appuis politiques , il ne lui reste dans
ce moment que la raison & l'humanité : ces
armes équivoques ont trop souvent trompé la
main qui les employoit. Cependant, ne deses-
pérons pas du succès : rompons un silence
funeste ; parlons à l'opinion ; intéressons les
cœurs ; souvent la justice se fait attendre , mais
elle arrive enfin. Les jours de Robespierre ont
passé ; l'opinion, si long-tems égarée en France,
fait tous les jours un pas vers les principes ;
l'exécration publique flétrit les *formes acerbes* :
la France possède une Constitution ; la divi-
sion des pouvoirs permet la maturité des discussions : un Gouvernement ferme sans dureté
veut surement s'entourer de la bienveillance
universelle : montrons-lui la vérité dans tout
son jour ; sans doute il ne la repoussera point :
la Puissance n'a qu'un besoin, celui d'être juste.

Lorsqu'il ne fut plus permis de douter , malgré toutes les protestations contraires, que la
Convention nationale songeoit à la conquête
de la Savoie, un grand nombre d'habitans
de tout âge & de tout sexe se retirèrent en
Piémont.

Les uns précédèrent l'armée ; d'autres en
plus grand nombre la suivirent dans sa retraite.

Les François étant entrés en Savoie le 22
Septembre 1792, on ne vit pendant un mois
environ que ce qu'on voit dans toutes les con-
quêtes ; mais bientôt les Assemblées primaires
ayant été convoquées , elles nommèrent des
Députés qui se réunirent à *Chambéri* sous le
nom d'*Assemblée nationale des Allobroges.*

A 3

L'homme influant dans cette affemblée, (qui ne fiégea que huit jours) celui qui dirigea tout & dicta prefque tous les décrets, fut le Député Simond de Rumilli dans le Mont-Blanc, *ci-devant* Prêtre, guillotiné en 1794 (1).

Durant fes courtes féances, *l'Affemblée nationale des Aliobroges* improvifa une affez grande quantité de Lois, parmi lefquelles on diftingue celle du 26 Octobre (2) qui ftatuoit fur les abfens. Après un préambule deftiné à établir les principes, *elle invite tous les citoyens qui avoient émigré dès le 1 Août 1792 (3), à reprendre leur domicile dans le terme de deux mois, fous peine de la confifcation de tous leurs biens :* & provifoirement elle ordonne que tous ces biens feront féqueftrés.

La publication de cette Loi ayant fouffert des retards, le terme fe trouva prolongé ; il ne devoit expirer qu'au 27 Janvier 1793.

Les militaires firent leur devoir ; ils demeurèrent à leur pofte. Prefque tous les autres, les femmes furtout & les enfans, rentrèrent en Savoie, fur la parole de l'affemblée des Allobroges. Elle invitoit les abfens qu'elle appeloit *Emigrés* [précipitation un peu extraordi-

---

(1) Voy. le N°. Ier. des notes & piéces juftificatives·

(2) Procès-verbal de l'Affemblée nationale des Allobroges. Décret du 26 Octobre 1792. Art. 1 & 3. P. P. 45 & 46.

(3) Perfonne ne comprendra fans doute pourquoi le crime d'émigration pouvoit remonter au-delà du 22 Septembre, jour de l'entrée des François en Savoie, & pourquoi il remontoit juftement au 1er Août. Un mot éclaircira tout. *On favoit la date de tous les départs, & quelques grands propriétaires étoient partis dans les premiers jours du mois d'Août.*

naire] à rentrer en Savoie dans le terme de deux mois, fans diſtinction d'âge ni de ſexe. Il falloit au cœur de l'hiver traverſer les gran-des Alpes, & venir reprendre ſon domicile. On ne pouvoit pas même attendre le Prin-tems, *parce que tout citoyen vertueux & patriote* [ce ſont encore les termes de la loi] *devoit ſe faire une gloire de venir habiter ſon pays, depuis que le Deſpotiſme armé & tous ſes ſuppots en étoient bannis.*

C'étoit aſſez de ſévérité ſans doute ; & tous ceux qui n'étoient pas retenus par un ſerment inviolable, ayant obéi à cette invitation, ils avoient droit de ſe flatter qu'on voudroit bien au moins les oublier, & qu'ils trouveroient ſur leurs foyers l'obſcurité & la ſureté : ils ne demandoient rien de plus.

Mais au lieu de cette tranquillité qu'ils avoient droit d'attendre, ils ne trouvèrent qu'une perſécution cruelle. D'infatigables in-quiſiteurs ne leur laiſſèrent pas un inſtant de repos. Ils furent accablés de dénonciations, de viſites domiciliaires, de déſagrémens de toute eſpèce. Enfin, au printems de l'année 1793, les hommes furent empriſonnés : au mois d'Août, les femmes eurent le même ſort ; mais on eut ſoin de ſéparer les époux, & toute tentative de leur part pour tâcher de ſe voir ou de ſe parler, étoit conſidérée comme un délit ſujet à la police correctionnelle des priſons : Ce luxe de cruauté étoit digne de ſon auteur (1).

____

(1) Albitte -- *C'étoit, dit-il, pour ſatisfaire à la décence, qu'il ſéparoit les époux.* -- La cruauté, dans

La nourriture des prisonniers fut donnée à forfait ; c'est à-dire qu'ils furent nourris avec la mesquinerie cruelle qui est le caractère éternel de ces sortes d'Administrations ; mais ici la rage se mêloit à l'avarice. On passe sur mille détails dégoûtans. L'imagination du lecteur sensible y suppléera, elle est sure de ne pas aller trop loin.

Les maisons d'arrêts ne suffisoient plus à ce régime impitoyable. Des vieillards furent jetés dans les cachots destinés aux plus vils scélérats ; ils y ont langui plusieurs mois, souffrant tout ce qu'on peut souffrir, & privés de toute consolation.

On refusa à une femme, objet de la vénération publique, d'aller recueillir les derniers soupirs de son fils arraché de ses foyers & mourant dans un hôpital.

Ce même homme, dont la vie entière avoit été consacrée au soulagement des malheureux, pour qui la bienfaisance étoit un métier, un besoin, une passion, mourut au milieu de deux alguazils qui veilloient autour de son lit pour en écarter les consolations religieuses. L'homme de bien touchant à ses derniers momens, ils lui arrachoient de la barbe en disant : *c'est un saint : prenons de ses reliques.*

Une dame se mouroit dans la prison : elle n'étoit séparée de son frère que par une cloison & une frêle porte. Les plus vives supplications de la tendresse fraternelle ne pu-

---

le cours de cette révolution, a souvent eu la fantaisie de plaisanter : on croit voir rire l'enfer : il est moins effrayant, quand il hurle.

rent ébranler d'inexorables géoliers : la porte ne s'ouvrit point ; la malade mourut, & son frère *l'entendit mourir* fans avoir pu la voir.

On ôta à un prifonnier fes livres & fes pinceaux, pour le priver même du pouvoir de fe diftraire.

Sous prétexte de donner aux enfans de ces malheureux une éducation civique, on les privoit du plus grand bonheur de l'enfance ; on les fouftraifoit à la vigilance maternelle ; on les livroit aux plus grands dangers, pour ne rien dire de plus, & ce fcandale a duré plus long-tems même que l'emprifonnement de leurs parens.

On vit des mères réduites à fe préfenter chaque jour à la fenêtre d'une prifon pour y fondre en larmes à l'afpect de leurs enfans que des hommes fenfibles leur préfentoient de loin à une heure marquée.

Et pendant qu'on exerçoit ces cruautés fur les perfonnes, les biens des détenus étoient l'objet d'une dilapidation inouie. Ils étoient féqueftrés, en général fans raifon, & ceux des militaires en particulier l'étoient contre toute raifon. Les femmes & les enfans de ces militaires inquiétoient peu les inftrumens d'une telle perfécution. Sous prétexte que les pères & les époux étoient *émigrés*, les Tyrans avoient chaffé de leurs propres foyers des êtres fans défenfe, qui étoient venus s'y repofer fur la foi de la parole nationale.

Il femble que la dureté ne pouvoit être portée plus loin ; cependant quelque chofe de plus terrible attendoit ces Citoyens irréprochables.

C'étoit le 1er 7bre 1793 : tout à coup, en vertu d'une détermination soudaine, on annonce à Chamberi que les prisonniers vont être déportés & conduits à Grenoble. A minuit, on les tire de leurs prisons ; on les jette pêle-mêle dans les charrettes immondes de l'hôpital-ambulant ; pour épargner l'espace, on les serre les uns aux autres dans l'attitude la plus pénible : on les enchaîne dans cet état ; & comme les préparatifs du départ avoient pris beaucoup de tems, ils passent treize heures sur ces charrettes dans la même position, sans que l'humanité ni la décence puissent obtenir de leurs féroces conducteurs une minute de soulagement.

Ce fut au *Thouvet*, sur le chemin de Grenoble, qu'il leur fut permis enfin de s'arrêter, & de prendre à la hâte un repas tel qu'on peut l'imaginer.

Enfin ils arrivent à Grenoble environnés de soldats & escortés de deux pièces de canons. Soit que ce spectacle exaltât la populace de cette ville, ou qu'elle fut préparée d'avance au rôle qu'on attendoit d'elle, les charettes furent en un instant environnées d'une multitude impitoyable qui poussoit des cris terribles, & se mit à insulter ces malheureux déportés qu'elle n'avoit jamais vus, & dont elle ne connoissoit que les souffrances. On aura peine à le croire, & cependant rien n'est plus vrai : non-seulement les hommes ne furent pas épargnés, mais plusieurs dames furent battues, d'autres eurent leurs vêtemens déchirés ; & l'on ne fait pas trop où cette rage incroyable fe feroit arrêtée, fi la force armée n'eut mis fin à tant d'excès : dans cette occafion, comme dans tant d'autres, la pitié commença par les militaires.

On ne peut malheureufement expliquer que par la corruption du cœur humain cette fureur contre de malheureux étrangers, qui ne pouvoient avoir des torts même apparens, à l'égard de ceux qui les traitoient fi cruellement. (1)

Un caprice avoit conduit les déportés à Grenoble ; un autre caprice les ramena à Chamberi, deux mois après ; mais pour être de nouveau jetés dans les prifons. Les rigueurs augmentèrent à leur égard. La bienfaifance, la charité même ne leur faifoient paffer qu'avec peine les alimens qu'on leur refufoit. Il étoit permis de préfager les événemens les plus finiftres ; & c'eft une opinion univerfelle dans le Département du Mont-Blanc, que, fans la révolution du 9 Thermidor, tous les prifonniers devoient être égorgés. (2)

---

(1) Entre plufieurs anecdotes qui peignent cette arrivée à Grenoble, on n'en citera qu'une. Une Demoifelle pleuroit à chaudes larmes fur fa charrette à côté de fa Mère. Une citadine s'approcha d'elle, & lui dit avec un fouris infernal : *Vous êtes bien trifte, ma belle dame, mais confolez-vous ; demain la guillotine finira tout.* On fent affez, que ces horreurs font parfaitement étrangères à la majorité des habitans de Grenoble, dont on ne fauroit, au contraire, trop louer les procédés hofpitaliers & l'ingénieufe humanité.

(2) Ceci n'eft point une exagération. Toutes les

Dans un moment aussi terrible, il arriva ce qui devoit nécessairement arriver : les prisonniers qui trouvèrent le moyen de s'échapper, firent céder tous les motifs à celui de leur conservation, & se sauvèrent en Piémont ou dans un pays neutre.

Un grand nombre de leurs parens, sentant qu'ils avoient comme eux le tort d'être fils de leurs pères, prirent le même parti pour éviter le même danger, & tous attendirent paisiblement la fin de la guerre pour rentrer dans leurs foyers. Qui donc oseroit les condamner, en songeant aux événemens qui ont suivi le 9 Thermidor ?

La Convention nationale, échappée à la tyrannie de Robespierre, vouloit effacer jusqu'à la dernière trace de l'espèce de Révolution qui l'avoit mise sous le joug.

Elle avoit dit, il y a trois ans : *la République Françoise célébrera tous les ans la fête du 31 Mai 1793.*

Elle avoit écrit dans le Calendrier fran-

---

personnes au fait des choses ne doutoient pas du projet formé d'égorger les prisonniers de Chambéri. Les rigueurs, toujours croissantes à leur égard, laissoient peu de doute sur cette horrible catastrophe. Nous citerons à cet égard une anecdote intéressante. Quelques François, attachés à l'armée des Alpes, persuadés à une certaine époque, que les prisons alloient être ensanglantées, passèrent deux nuits en armes pour sauver au moins quelques victimes parmi ces prisonniers dont ils ne connoissoient pas un seul. ... Braves & généreux *étrangers* (car on veut que vous le soyez à notre égard) agréez une reconnoissance anonyme comme votre bienfait : un jour, sans doute, elle pourra s'exprimer librement.

çois à côté du 31 Mai : CHUTE DU FÉ-
DÉRALISME.

Mais alors, elle étoit efclave.

Redevenus libres, les Législateurs, dans
la féance du 9 Mars 1795, difoient anathème
au 31 Mai, qu'ils appeloient juftement *une
journée exécrable*, & la juftice en deuil paf-
foit l'éponge fur l'encre encore humide du
premier décrêt.

Bientôt une nouvelle loi (celle du 22
prairial) vint au fecours des malheureux qui
n'avoient fui la terre de la liberté, que pour
échapper à la hache de Robefpierre. Elle
rappeloit ceux qui avoient fui depuis le 31
Mai 1793.

N'avoient-ils donc pas pour eux cette loi
du 22 Prairial, les malheureux que la Tyrannie décemvirale avoit chaffés de la Savoie!
Et, quand même, par un abus révoltant
des termes, on avoit depuis infcrit leurs
noms dans la lifte des Emigrés, ne devoient-
ils pas être perfuadés qu'à la paix, le Corps
Législatif interprêteroit la loi pour eux, comme elle a été interprétée dans toute la France?
Ils avoient manifefté la volonté la plus déterminée de vivre en paix fur leur terre na-
tale : on les a forcés de s'éloigner; ils n'ont
fui que les poignards : de là vient qu'il n'y
a dans le Mont-Blanc aucune lifte d'Emigrés antérieure au 31 Mai 1793. Si leur caufe
étoit portée devant le Corps Législatif de
France, ils ne feroient condamnés fans doute
ni par les victimes du 31 Mai, honorable-
ment rappellées dans le fein de la Législature, ni par ceux qui les rappelèrent; il n'y

a pas de majorité mieux conftatée : tout porte donc à croire, indépendamment même de toute autre confidération, que leurs noms difparoîtroient de la lifte fatale.

C'eft en vain qu'on objecteroit aux prétendus Émigrés, qu'ils ne font point au nombre des perfonnes favorifées par la loi du 22 Prairial : il eft vrai que la loi renfermoit quelque obfcurité dans fon application; mais, il faut le dire à la gloire de la nation françoife, l'efprit public l'interprêta de la manière la plus favorable. Que de larmes l'humanité n'a-t-elle pas affuyées avec ces mots magiques ; *victime du 31 Mai* ! Si des méchans ont cherché à reftreindre la loi, en prétendant qu'elle ne regardoit que les Lyonnois & les Fédéraliftes, eft-ce donc par ces fubtilités meurtrières, par ces aberrations locales qu'on doit fe décider dans cette affaire ? Qui ne fait que tous les tribunaux françois ont faifi le véritable efprit de la loi, & lui ont fait dire ce qu'elle vouloit dire ? Qui ne fait qu'un Mandat d'arrêt, feul, lancé par une Autorité révolutionnaire, fut confidéré de toute part comme un motif légitime de fuite, & un titre au bienfait de la loi ? Or les Réfugiés, fujets du Roi de Sardaigne, préfentent un mandat d'arrêt général lancé contre eux par l'autorité révolutionnaire : ils citent la loi du 17 7bre 1793 fur les fufpects, exécutée dans le Mont-Blanc avec une dureté qui n'a peut-être eu rien d'égal dans toute l'étendue de la République Françoife.

Ils citent l'arrêté du Confeil général du

Mont-Blanc du 28 Mars, qui déclare *suspectes toutes personnes qui ont quitté le Pays des ci-devant Allobroges, à l'occasion de l'entrée des armées françoises,* quoiqu'elles se seroient repatriées en vertu de la loi de l'Assemblée nationale des Allobroges.... *Tous les ci-devant nobles, leurs agens & domestiques, quoique* n'ayant pas émigré, *les agens de l'ancien Régime, toutes personnes originaires du Piémont &c.* [1]

Qui ordonnoit à ces personnes „ de se „ rendre dans le Chef-lieu de leurs Districts, „ pour y rester jusqu'à nouvel ordre sous „ la surveillance des Administrateurs, aux- „ quels elles devroient se présenter chaque „ jour à telle heure qui leur seroit indiquée, „ *sans préjudice des mesures ultérieures que les cir-* „ *constances pourroient exiger de la part du* „ *Département.* " (2)

Ils citent le préambule de ce même Arrêté où on lit que, *tandis que les armées remportent des victoires sur les ennemis extérieurs, il faut que la puissance civile en remporte une à son tour sur les aristocrates & les fanatiques* [pag 1.] *Qu'il est instant d'arrêter leurs progrès, de rompre le fil de leurs infernales manœuvres,* & de les mettre dans l'impossibilité de nuire, *en exerçant la plus active surveillance sur toutes personnes suspectes,* [pag. 4.] *Qu'il est indispensable de s'assurer de leurs personnes* [pag. 5.] Qu'il ne

---

(1) Procès-verbal de la séance du Conseil Général du 28 Mars 1793. Chamberi, chez Gorrin, in-4°. Art. 3 & 7.
(2) Ibid. Art. 1.

falloit point craindre de bleffer la liberté individuelle par de telles difpofitions, *parce qu'il n'eft point de grande mefure de fûreté géné-rale qui ne bleffe* TANT SOIT PEU *la liberté in-dividuelle*, & que des fcrupules fur ce point ne peuvent être conçus *que par des hommes timorés & efclaves des formes.* (ibid.)

Ils citent le Réglement des prifons defti-nées à renfermer les fufpects ; pièce unique dans fon genre, dont le préambule les ac-cufe du crime tout nouveau *d'être coalifés* DE VOLONTÉ *avec les Ennemis de la Républi-que.* [1]

Ils citent enfin la Proclamation du 11 Mars, même année, où le Repréfentant du Peuple *Albitte* annonçoit fans le moindre dé-tour : *Qu'il étoit venu pour l'exécution des mefu-res de falut public & l'établiffement du Gouver-nement Révolutionnaire dans le Département du Mont-Blanc ; pour extirper jufqu'au dernier germe de la lépre féodale ; pour anéantir totalement le parti criminel de l'oppofition ; pour hâter des me-fures préliminaires, & déterminer un parti défini-tif envers la prefque totalité d'une race funefte,* &c. (2)

En eft-ce affez ? Et le Corps Légiflatif rendu à la liberté & au calme de la raifon fera-t-il un crime aux réfugiés d'avoir quitté le Département du Mont-Blanc, lorfqu'un Repréfentant du peuple leur faifoit la con-

---

(1) Caligula ne puniffoit que les Rêves ; il oublia les défirs. *V. le No. 2 des notes & Pièces juftifi-eatives.*

(2) V. le No. 3. des notes & pièc. juftif.

fidence

fidence imprimée qu'il arrivoit pour les égorger?

Peu importe au reste, que tous ces actes
soient un peu antérieurs au 31 Mai 1793 :
l'horrible Tyrannie qui a désolé la France,
ne s'établit pas dans un instant. Elle sevit
d'une manière terrible le 31 Mai, mais elle
existoit depuis long-tems : voilà pourquoi la
loi du 22 Prairial statue [art. 2.] qu'il suf-
fit d'avoir été compris dans la liste des Emigrés postérieurement au 31 Mai, pour être
admis à jouir du bénéfice de la loi, cette
seule circonstance faisant présumer qu'on
n'est sorti de France que pour fuir la Tyrannie qui produisit le 31 Mai : or la liste
des Emigrés du Mont-Blanc est postérieure
à cette époque, parce qu'en effet les prétendus Émigrés n'ont fui ni la France ni la
liberté; ils n'ont fui que la prison, les op-
probres & la mort : ils ont donc eu raison
d'émigrer.

Mais ils ne sont pas réduits à ce genre de
défence ; ils soutiennent avec confiance qu'ils
n'ont besoin ni d'interprétation favorable, ni
de grace, ni de restitution, parce qu'ils ne
sont pas *Emigrés*.

Si cette proposition n'est pas incontestable,
il faut effacer ces oracles de l'acte constitutionnel, & de toutes les Législations de l'univers : *que nul n'est coupable s'il n'a violé une loi,*
& que nulle loi ne peut avoir d'effet rétroactif.

Or les prétendus Emigrés Savoisiens n'ont
violé aucune Loi, ensorte qu'ils sont condamnés contre la loi.

La loi allobroge du 16 Octobre 1792 ne les
atteint point. Cette loi n'établissoit point une

jurifprudence permanente : c'étoit un acte mo-
mentané , un *Coup* Législatif frappé pour une
fois. Elle enjoignoit à toute perfonne, ab-
fente depuis le 1er Août de la même année,
de rentrer en Savoie avant le 27 Janvier,
pour y jouir des bienfaits de la liberté, fous
peine de la confifcation des biens.

Les abfens obéirent prefque tous à ce décret. Mais pour eux & pour les autres, & dans
toutes les fuppofitions, la loi avoit opéré tout
fon effet : elle n'exiftoit donc plus, puifqu'elle n'avoit ftatué que pour un moment,
& que ce moment étoit paffé.

Donc, en fuppofant que la Savoie fut de-
meurée indépendante ; pour punir un Citoyen
qui auroit abandonné ce pays après le 27
Janvier, il eût fallu une nouvelle loi.

Mais l'indépendance de la Savoie dura bien
peu, puifque le 27 Novembre, comme tout-
le monde fait, elle fut unie à la France fous
le nom *de Département du Mont-Blanc.*

Or c'eft une maxime inconteftable de droit
public, qu'un pays, en changeant de Souverain, eft foumis par le fait aux lois du dernier,
& qu'il ne conferve de fes anciennes Lois,
que celles qui font nommément adoptées par
le nouveau-Souverain. Même, à parler ri-
goureufement, on ne peut dire que ce pays
conferve fes lois. Il vaudroit mieux dire *qu'il
en reçoit de femblables* ; car c'eft une nouvelle
volonté qui les lui donne.

Les lois de la Convention allobroge tom-
bérent donc par la réunion de la Savoie,
comme celles de S. M. le Roi de Sardaigne ;
& il étoit auffi déplacé, après cette époque,
de citer les unes que les autres.

(19)

Donc, quand on fuppoferoit que la loi des
Allobroges eut ftatué d'une manière permanente fur les perfonnes que le devoir ou l'in-
clination auroient entraînées hors de la Savoie
& de la République Françoife, cette loi auroit difparu au moment de la réunion.

Quoique ce raifonnement ne fouffre pas
d'objection raifonnable, on peut encore prouver d'une manière plus directe & plus déci-
five, qu'il n'y a point d'Emigré dans le Département du Mont-Blanc.

La Convention nationale des Allobroges
n'ayant fiégé que quelques jours, elle établit,
avant de fe diffoudre, une Commiffion intermédiaire qui régit les affaires jufqu'à l'organifation des nouvelles autorités, poftérieure
de quelques mois à la réunion.

Il réfulte d'un rapport fait à la C. N. dans
le courant du mois de Décembre de cette
même année 1792 (1), que la Commiffion intermédiaire s'étoit adreffée à la C. N. pour
demander une loi fur les prétendus Emigrés
allobroges; & que l'affemblée avoit renvoyé
l'examen de cette queftion à fon Comité de
Législation.

On lit dans ce rapport *que l'Adminiftration
provifoire du Département du Mont-Blanc fe trouvoit
[à l'égard des Emigrés] dans une incertitude qui,
entravant fes opérations, l'avoit forcée de recourir
à la Convention nationale.*

On y lit : *Qu'une détermination qui n'eft pas
dans les difpofitions précifes de la loi, eft au-deffus*

---

(1) Rapport du Comité de Législation, concernant
les Emigrés *allobroges*, fait au nom du *Comité de Législation, & imprimé par ordre de la Convention nat.*
Broch. in-8. Voy. le N°. 6 des pièces juftificatives,

des pouvoirs d'un Corps administratif, & que les Législateurs seuls avoient le droit de prononcer en pareille circonstance.

Enfin la Commission intermédiaire ayant demandé dans son mémoire : *Si les Citoyens absens du territoire du Mont-Blanc, avant sa réunion à la République Françoise, devoient jouir, pour rentrer dans leur patrie, du délai accordé par l'Assemblée nationale des Allobroges ;* le Comité de Législation répondoit à cette question par l'Art. I du projet de décret en VIII. Articles, qu'il proposoit à la C. N. & que nous allons rapporter.

ARTICLE I.

L'Art. Ier. du Décret de l'Assemblée nationale des Allobroges, concernant les Emigrés, sera exécuté : en conséquence les Citoyens qui se sont absentés du territoire du Département du Mont-Blanc, sont autorisés à y rentrer dans le délai fixé par le Décret.

On convenoit donc à Paris comme à Chambéri qu'il n'y avoit point de loi contre les Emigrés ; & le Comité de Législation, en proposant l'Art. Ier. de son projet de Décret, posoit en principes que toutes les lois des Allobroges avoient été annullées par le fait à l'instant de la réunion ; ce qui est évident. D'où il suit que les personnes encore absentes à la date de la réunion, n'étoient pas même tenues d'obéir au Décret du 26 Octobre , qui tomboit comme tous les autres par l'établissement d'une nouvelle Souveraineté.

Répétons que les auteurs du Décret, les Représentans de la Conv. nat. des Allobroges confessoient eux mêmes cette vérité de la manière la plus solennelle, en demandant à la C. N. au mois de Décembre : *Si les Emigrés devoient jouir du délai accordé par le Décret du 26 Octobre & qui ne devoit expirer qu'au 27 Janvier.*

Le projet préfenté par le Comité de Légis-lation ne fut point decrété & ne pouvoit l'être. Entr'autres difpofitions, l'Art. V. portoit en fubftance : *Que tous les militaires au Jervice du Roi de Sardaigne, qui n'auroient pas abandonné fes drapeaux pour fe retirer fur les Terres de la Répu-blique, feroient déclarés émigrés & traités comme tels.*

La C. N. recula devant cette propofition, & laiffa tomber le rapport.

Mais puifqu'il n'y avoit point de loi à cette époque contre les prétendus Emigrés Savoi-fiens ; puifque la loi du 15 Novembre 1794 a ftatué pour la première fois contr'eux, il s'en-fuit que, jufqu'à cette époque, perfonne n'a eu droit de les regarder comme Emigrés ; qu'ils n'avoient violé aucune loi ; qu'ils pouvoient fortir impunément, puifque rien ne s'y oppo-foit ; & que tout ce qu'on a fait contre eux, eft un brigandage odieux, que rien ne peut excufer ni pallier.

Refte à favoir comment la loi du 25 Bru-maire, an 3 [15 Novembre 1794], a pu créer des Emigrés dans le Mont-Blanc.

Il eft des lois qu'on refpecte fuffifamment en fe difpenfant de les difcuter ; & ce n'eft pas fans une extrême répugnance, qu'on fe voit forcé par les circonftances à parler de celle du 25 Brumaire ; mais, puifqu'il le faut abfo-lument, on peut, à force de calme & de mo-dération, avoir raifon fans choquer perfonne.

Cette loi ftatue [Art. 4. §. 1.] *Que tous ci-devant Savoifiens qui, domiciliés dans le Département du Mont-Blanc, en font fortis depuis le 1 Août 1792. & n'étoient pas rentrés fur fon Territoire, ou toute autre partie de la République , au* 27 *Janvier* 1793, *font mis au rang des Émigrés.*

Commençons d'abord par une obfervation bien fimple. Puifqu'il a fallu une nouvelle loi pour foumettre les prétendus Emigrés Savoifiens à la difpofition de celle, qui ftatuoit fur les Emigrés François, il n'y avoit donc point de loi contre les prémiers. Et en effet, la loi de l'Affemblée des Allobroges n'eft pas feulement citée ni ne pouvoit l'être dans celle de la C. N.; or, s'il n'y avoit point de loi contre les Emigrés, il n'y avoit point d'Emigrés. Maintenant, nous le demandons fans détour: fur quel principe, & en vertu de quelle jurifprudence la C. N. a-t-elle pu fe croire autorifée à donner à fa loi un effet rétroactif? La même loi peut-elle dans le même inftant, créer le délit, nommer les coupables & prononcer la peine ?

S'il y a quelque chofe d'évident, c'eft que les hommes qu'une fatale habitude a jugé à propos de nommer *Emigrés Savoifiens,* n'ont rien de commun avec les Emigrés François: cette vérité a été mife au-deffus de toute objection ; & cependant, telle eft la bizarrerie incroyable des circonftances, que, fi le Corps Légiflatif de France maintenoit l'exécution de la loi du 25 Brumaire (1), les prémiers feroient traités plus févérement que les feconds.

En effet, ceux-ci ont été rappelés avant d'être foumis aux peines terribles de l'émigra-

---

(1) Nous n'entendons défigner par cette expreffion abregée que l'article de cette loi qui concerne les Réfugiés fujets de S. M. le Roi de Sardaigne, il fuffit d'en avertir une fois pour toutes.

tion ; & les prémiers feroient foumis aux mêmes peines fans avoir été fommés.

On ne fauroit trop le répéter : la loi des Allobroges ne ftatuoit point fur l'émigration en général : elle ne prononçoit que fur un cas ; & toute fon explofion, s'il eft permis de s'exprimer ainfi, ne pouvoit s'étendre au delà du 27 Janvier 1793, à minuit.

Il y a plus ; long-tems avant que cette heure eut fonné, les auteurs mêmes de la loi avouoient qu'elle n'exiftoit plus, [& qui pouvoit en douter ?] & la Conv. nat. l'avouoit auffi de la manière la plus folennelle, en chargeant fon Comité de Légiflation de lui propofer une loi fur les Emigrés Savoifiens : cette loi ne fut pas faite ; donc il n'y avoit point d'Emigrés Savoifiens ; &, par une conféquence non moins inconteftable, donc la C. N. n'a pu tout à la fois, le 25 Brumaire 1794, faire des Emigrés & les punir.

Certainement, on ne manque pas de refpect à des Légiflateurs, en leur conteftant le pouvoir de faire l'impoffible. Or, c'eft là précifément tout ce que les prétendus Emigrés Savoifiens conteftent à la C. N.

Elle réuniffoit certainement tous les pouvoirs, [qui pourroit l'oublier ?] Mais jamais elle n'eut celui de ftatuer que le 1 Août ne précéderoit plus le 22 Septembre dans le Calendrier ; qu'on pourroit violer une loi avant qu'elle fut faite, & que des Savoifiens feroient rebelles à la République Françoife, pour être fortis de Savoie 52 jours avant la conquête & quatre mois avant la réunion à la France.

C'eft cependant ce que la loi du 25 Brumaire décide. On a fans doute quelque raifon de s'étonner du férieux avec lequel on oppofe cette loi aux honorables victimes qu'elle a immolées. On diroit qu'il s'agit d'une loi de l'Etat, d'une loi conftitutionnelle prononcée par la fageffe même, & fur laquelle il n'eft plus permis de revenir. Ofons le dire ouvertement, toute l'autorité de ce fatal décret repofe fur le filence qu'on a gardé à fon égard, il eft tems de le dénoncer aux Légiflateurs avec cette franchife qui n'exclut point les égards.

Si les infortunés dont ce mémoire défend la cáufe, fe permettoient de juger la Législature françoife, comme elle a été jugée en mille occafions par fes propres membres, ils fortiroient des bornes de la décence. Ils s'en tiendront à une obfervation générale dont on ne fauroit contefter la juftefle, & qui leur fuffit. C'eft qu'il eft impoffible de paffer brufquement de la plus horrible tyrannie qui ait jamais flétri la trifte humanité, au régime heureux de la liberté & de la juftice. Long-tems & très-long-tems, rien ne s'eft fait en France par les lois; ce n'étoit pas l'ufage. On ne les employa pas même contre celui qui les avoit fi horriblement & fi infolemment violées. Car le monftre qui devoit être *mis à mort* ne fut que *tué*; & non-feulement depuis le 9 Thermidor une Tyrannie pofthume combattit fans relâche le règne des loix dans la Conv. nat.; mais depuis même l'établiffement de la Conftitution, les meilleurs efprits n'ont ceffé de fe plaindre, dans le fein même du Corps législatif, des *habitudes révolutionnaires*. La loi dont nous nous plaignons, quoique poftérieure à la chûte des Décemvirs, appartient cependant encore au Gouvernement révolutionnaire, puisqu'elle est antérieure à la Constitution. Un des Législateurs remarquoit, il y a peu de temps (1), *que, dans le cours de ce Gouvernement, on a fait une foule de lois rétroactives.* Il citoit même en particulier un *Paragraphe bien-révolutionnaire* [ce sont ses termes] de cette même loi du 25 Brumaire (2). Nous ne disons rien de plus : Nous demandons le rapport *d'un Paragraphe bien révolutionnaire.* Où sont maintenant les lois qui cassoient les testamens ouverts depuis trois ans ? Qui privoient les accusés de crimes révolutionnaires de la faculté de se défendre ? Qui permettoient aux débiteurs de se libérer avec un papier perdant 92 pour 100 & donné au pair ? &c. Ces terribles erreurs, défendues cependant dans les momens d'exaltation, avec un grand appareil de logique, ont heureusement disparu. Il en sera de même de la loi du 25 Brumaire. Les personnes qu'elle blesse, peuvent sans doute s'en reposer sur l'ascendant invincible de la raison & de la conscience publique qui finissent toujours par l'emporter sur l'empire fugitif des passions. Nous avons déjà vu de grands actes de justice, & peut-être même n'a-t-on pas tenu assez de compte au Corps Législatif de ce qu'il a fait depuis le 9 Thermidor pour se recommander à l'opinion publique ; mais comme il y auroit de l'injustice à lui refuser les éloges qui lui sont dûs pour ce qu'il a fait de bien, il blâmeroit lui-même la pusillanimité qui empêcheroit de l'avertir de ce qui lui reste à faire. Il s'est trompé & cruel-

---

(1) Voy. l'*Historien* 28 Juin 1796. N°. 220.
(2) Ibid.

lement trompé à l'égard des fujets du Roi de Sardaigne réfugiés en Piémont ou en Pays neutre; eh bien! il s'enfuit feulement que l'erreur doit être réparée, & tout nous porte à croire que les intéreffés ne demanderont point en vain le rapport de la loi du 25 Brumaire. Le Corps Législatif a pu bleffer des infortunés fans les appercevoir; mais lorfqu'ils prendront la parole, lorfqu'ils lui montreront cette loi dans fon vrai jour, lorsqu'ils l'adjureront, au nom de la raifon & de l'humanité, de révoquer ce décret injufte, il s'empreffera de l'effacer; & tout fon chagrin fera de ne l'avoir pas fait plutôt.

Jadis une femme du peuple, bleffée par l'injuftice d'un Roi, en appella, comme tout le monde fait, *à Philippe à jeun*, & elle obtint juftice.

Une foule d'infortunés, intéreffans fous tous les rapports, immolés fans pitié ni juftice par la loi du 25 Brumaire, en appellent avec confiance *aux Législateurs inftruits*, & fe tiennent fûrs du fuccès.

Ecartons maintenant un raifonnement bien extraordinaire par lequel on a prétendu appuyer la confifcation la plus illégale, fur la Conftitution même.

On a dit que, les biens des Emigrés étant acquis à la Nation, en vertu d'une loi conftitutionnelle, aucun pouvoir conftitué n'avoit le droit de déroger à cette difpofition.

Citons d'abord l'art. 374 de cette Conftitution qui ftatue fur les biens des Emigrés.

La Nation Françoife déclare qu'en aucun cas elle ne fouffrira le retour des François qui, ayant abandonné leur patrie depuis le 15 Juillet 1789, ne font pas compris dans les exceptions portées aux lois rendues contre les Emigrés ; & elle interdit au Corps Législatif de créer de nouvelles exceptions fur ce point.

On voit que cette loi prouve précisément le contraire de ce qu'on voudroit lui faire dire ; car, en bornant l'anathême aux *François* proprement dits qui avoient quitté la France depuis le 15 Juillet 1789, elle exclut manifestement les Savoifiens qui ne furent conquis que trois ans après.

Cette obfervation eft d'autant plus importante qu'elle ne roule point fur une inadvertance des rédacteurs ; car il eft impoffible qu'ils n'aient pas fongé, en rédigeant cet article, aux Départemens réunis : l'objet n'étoit pas affez mince pour échapper à l'œil.

Comment imaginer d'ailleurs qu'aucun membre du Corps Législatif ne les eût avertis de cet oubli ?

C'eft donc avec connoiffance de caufe, & enfuite d'une délibération expreffe, que cette confifcation conftitutionnelle fut bornée aux *François* proprement dits ; & par conféquent la loi eft parfaitement étrangère aux Savoifiens.

D'ailleurs, quand l'acte conftitutionnel ne parleroit pas auffi clairement en leur faveur, il feroit toujours vrai qu'il ne s'oppofe point à leur demande. La Conftitution a ftatué fur *l'Emigré*, mais c'eft au Corps Législatif à le définir : ainfi les prétendus Emigrés ne raifonnent point fur la loi, ils ne nient point que les propriétés des Emigrés ne foient irrévocablement acquifes à la République ; mais ils nient d'être Emigrés, ce qui eft très-différent.

Dernièrement, on a vu en France un Défenseur de la Patrie [le C. Monvoisin] mis sur la liste des Emigrés pendant qu'il se battoit aux frontières. Instruit de la fatale inscription postéricurement au terme fixé par la loi pour se pourvoir en radiation, il s'est pourvu au Conseil des 500 pour être relevé. Le Rapporteur, organe de la Commission chargée de faire le rapport de cette affaire, s'en est acquitté dans la séance du 18 Juin, & il a donné un avis favorable. Un membre du Conseil a cru devoir s'élever contre cet avis. *La Constitution*, a-t-il dit, *défend de faire aucune exception en faveur des Emigrés : que l'ordre du jour fasse justice de celle qu'on nous propose.* Mais un autre Membre ayant répondu : *Il ne s'agit point d'un Emigré, mais d'un soldat qui les combat*, l'avis du Comité a prévalu.(1)

Ce jugement s'applique parfaitement à la grande affaire du Mont-Blanc : le nombre des intéressés ne change rien à la nature de la cause qui est précisément la même. Si l'on objecte aux Réfugiés-Savoisiens : *Que la Constitution défend de faire aucune exception en faveur des Emigrés ;* ils répondent : *d'accord ; mais nous ne sommes point Emigrés ;* & ils le prouvent par plusieurs raisons dont une seule suffiroit ; c'est que pour être Emigré, il faut être François, & qu'ils ne l'étoient pas.

Il faudroit plaindre la Nation Françoise, si elle avoit le pouvoir de changer toutes les

______

(1) Peu importe que la demande du C. Monvoisin soit fondée ou non sur un exposé vrai : il ne s'agit ici que de la théorie ; & l'argument de supposition demeureroit dans toute sa force, quand même les faits seroient contestés dans la suite.

idées reçues & d'effacer le droit des Nations. Jusqu'à-préfent perfonne n'a douté qu'un peuple conquis n'étoit cenfé avoir réellement changé de Souverain que lorfqu'un Traité avoit légitimé la conquête. Suppofons que la France ne veuille point fe conduire par ces maximes auffi anciennes que la raifon ; certainement elle n'a pas le droit de condamner ceux qui en ont fait la règle de leur conduite.

Ainfi, les Réfugiés Savoifiens ayant cru que la Savoie ne pouvoit être rendue réellement Françoife que par un Traité, ils ont cru en cela ce que tout l'univers croyoit ; & s'ils ont attendu ce Traité pour prendre leur parti, la prudence confeilloit cette fufpenfion : vouloir les confondre avec les Emigrés François, qui n'ont abfolument rien de commun avec eux, c'eft confondre les notions & abufer des mots.

La France n'a t-elle pas avoué folennellement ces maximes, lorfque, dans l'art 3 de la Capitulation accordée au Roi de Sardaigne, elle a ftipulé la ceffion des droits de ce Monarque fur les pays conquis ? Et véritablement, fi l'on veut bien y réfléchir de fang froid, on ne faura quel nom donner au fyftême contraire. Réunir un pays conquis pendant la guerre & regarder comme rebelles tous ceux qui auront eu le malheur de douter de la ftabilité de la conquête, c'eft dire qu'on peut maîtrifer les événemens, que la guerre n'a point de chances, & qu'on eft fûr de la victoire.

Sur ce point, comme fur les autres, les événemens ne prouvent rien : il faut penfer aux chances contraires qui furent long-tems possibles & quelquefois probables.

La volonté du peuple, si souvent citée dans cette occasion, est une chose absolument indifférente; car tout dépend de la force en dernière analyse, & les délibérations ne signifient rien. Ou le conquérant a le pouvoir de conserver sa conquête, &, dans ce cas, il se passe fort bien de la volonté du peuple conquis; ou il est obligé de restituer, & la volonté du peuple s'appelle alors *coupable extravagance*.

Que signifie d'ailleurs ce mot *Peuple*? Jusqu'à présent on a entendu par ce mot l'universalité des citoyens soumis à une même Souveraineté. La volonté nationale réside donc dans l'universalité, ou du moins dans la majorité de ces volontés individuelles.

Or qu'étoit la Savoie avant la conquête? Une Province des Etats du Roi de Sardaigne dont elle formoit à peu-près la sixième partie; cette Province touchoit immédiatement au Piémont, & n'étoit distinguée par aucun privilège particulier : elle avoit les mêmes lois politiques & civiles. Ses habitans avoient droit à tous les emplois de l'Etat, & ce droit n'étoit pas illusoire : c'est ce que tous les Piémontois attesteront volontiers.

Il ne s'agit donc point dans cette question de la volonté du Peuple de Savoie, mais de la volonté des sujets du Roi de Sardaigne, dont la majorité étoit si fort contraire à la réunion, que les quatre cinquièmes du tout ont combattu jusqu'à la dernière extrêmité pour l'empêcher.

Et cette volonté étoit bien réellement celle

du peuple ; car, indépendamment de la vérité matérielle de cette propofition, fi l'on
excepte les cas d'infurrection, la volonté du
peuple eft toujours cenfée exprimée par celui ou ceux qui exercent la Souveraineté ;
autrement, il n'y auroit plus de Société civile.

Confidérer d'une manière ifolée une Section quelconque d'un certain peuple, donner à cette Section le nom de *peuple*, inter-
roger fa volonté & la réduire en loi, fans
égard à l'univerfalité, c'eft s'expofer aux
conféquences les plus étranges.

Il en réfulteroit, par exemple, que la Mau-
rienne ou la Tarentaife auroient pu, fans
crime, manifefter une volonté contraire à
celle de toute la Savoie ; car il n'y a pas de
loi qui ftatue fur le nombre d'hommes néceffaire pour conftituer ce qu'on appelle *un
peuple*.

Il en réfulteroit encore que l'infurrection
de la Vendée fut très-légitime, & que tout
ce qu'on a fait contre le *Peuple fouverain* de
ce Département, fut une injuftice atroce.
En effet, la Vendée n'avoit contre elle que
l'argument de la majorité. Effacez cet argument, l'infurrection devenoit légitime.

Enfin nous trouvons dans le décret même,
qui a prononcé la réunion de la Savoie à la
France, la preuve que cette réunion n'étoit
que provifoire.

Nous ne prétendons point tirer parti de
l'art. 1er. de ce décret conçu en ces termes.
*La Savoie formera PROVISOIREMENT un
84ᵉ Département fous le nom de* Département
du Mont-Blanc. (1)

____

(1) Décret du 27 9bre 1792.

On pourroit nous répondre, en s'appuyant
fur le préambule du décret, que le mot
provifoirement ne tombe que fur l'ordre nu-
mérique affigné au Département ; & quoiqu'il y eut quelques obfervations à faire fur
ce point, nous rejettons volontairement tout
ce qui reffemble à la chicane : la caufe eft
trop bonne pour difputer ; mais nous citons
l'art 7.

*Sur la propofition d'inférer dans le Décret de
Réunion de la Savoie les mots au nom du peuple François, la C. N. paffe à l'ordre du jour
motivé fur la déclaration folennelle qu'elle a faite,
qu'il n'y aura de Conftitution que celle qui aura
été acceptée par le peuple François.* (2)

Ou ces mots n'ont point de fens, ou ils
fignifient que la C. N. fe propofoit de foumettre le Décret de Réunion à la Ratification du peuple François ; ce qui montre
que, jufqu'à cette époque, la réunion ne
pouvoit être que provifoire. Si cette théorie contredit l'acceptation pure & fimple
prononcée par la C. N. dans ce même décret du 27, ce n'eft pas notre faute.

Au fond, c'eft un véritable dogme dans un
Etat Républicain, que tout décret de réunion
prononcé par des Repréfentans du peuple (à
moins qu'on ne fuppofe un mandat fpécial)

---

(2) N'ayant pu, à la place où nous fommes, nous
procurer un exemplaire imprimé du Décret de Réunion, fi le Manufcrit que nous copions, renferme
quelque inexactitude, nous réclamons l'indulgence
des Lecteurs. Ils fentiront d'ailleurs que les prétendus Emigrés font affez riches en moyens pour aban-
donner, s'il le falloit, celui que fournit l'art. 7
de ce Décret.

n'eft

n'eſt que proviſoire juſqu'à la Ratification du Souverain ; & le Corps Légiſlatif actuel a reconnu cette vérité en mettant la réunion des nouveaux Départemens au rang des articles conſtitutionnels qu'il a ſoumis à l'acceptation du peuple.

La Conſtitution de 1793 ne prononçoit pas ſur ce point ; & d'ailleurs elle auroit prononcé inutilement ; car, comme il a été prouvé depuis que le peuple françois n'avoit pas *voulu* cette Conſtitution, il n'auroit pas mieux *voulu* la réunion.

Et quant à la Conſtitution de 1795, quoiqu'elle ne prononce pas la réunion d'une manière directe, cependant perſonne ne ſe plaindra que la réunion définitive date de cette époque, & qu'on tienne pour Emigrés tous les Savoiſiens qui auront quitté le Dépt. du Mont-blanc depuis l'acceptation de la dernière Conſtitution.

Mais tous ces raiſonnemens ne ſont faits que pour accumuler les moyens, & ſans prétendre ſe départir du principe.

Ce principe eſt *que la Souveraineté d'un pays ne peut être transférée définitivement que par la volonté du Souverain de ce pays, ou par la preſcription qui ſuit une conquête heureuſe.*

Juſque-là, la Souveraineté demeure en ſuſpens, & tout le monde a droit d'envifager la réunion comme proviſoire.

Ainſi il eſt démontré que les habitans de l'ancien Duché de Savoie, de quelque manière & à quelque époque qu'ils aient quitté ce pays, avant ou après la conquête, ne peuvent être conſidérés comme Emigrés.

Mais comme toutes les raiſons poſſibles

C

s'élèvent en leur faveur, après avoir montré
qu'ils sont absous par les lois [...] elles de la
justice, il faut encore [...] que [...] les formes
ayant été violées à leur égard, [...] ce qu'on
a fait contre [...] justice [...] est radicale-
ment nul & [...]

Les formes [...] peut sans
doute abuser, n'en [...] [...] les gar-
diennes des lois; & sous [...] point de vue elles
sont sacrées. Elles le sont [...] pour lorsqu'il
s'agit de lois pénales, & plus particulièrement
encore, lorsqu'il est question de punir ces sortes
de délits qui ne blessent ni le droit naturel, ni
le droit divin, qui n'ont d'existence que par la
prohibition du Législateur qui a converti en
crimes des actions indifférentes, & que les
Jurisconsultes appellent par cette raison *Delicta
ex non Delictis*.

L'émigration est sans doute au nombre de
ces délits : examinons donc quelles sont les
conditions qui constituent l'émigration, &
voyons, surtout à l'égard du Mont-blanc,
comment & à quelle époque *l'absence* est devenue *émigration*.

La liste des Emigrés du Mont-blanc est du
27 Fructidor, an 2; date qui correspond au
13. 7bre. 1794.

Il n'y avoit encore alors aucune loi de la
Conv. Nat. qui statuât sur les circonstances
nécessaires pour constituer ce délit dans les
pays réunis. Nous l'avons prouvé plus haut
de la manière la plus incontestable; &, s'il en
falloit une nouvelle preuve, nous la trouve-
rions dans le Procès-verbal qui termine la liste
du 27 Fructidor, & qui rappelle uniquement
les lois émanées précédemment contre les véri-

tables Emigrés françois, dont quelques-unes même sont antérieures à la conquête.

Il falloit donc absolument une nouvelle loi pour les pays réunis ; & en effet, la Conv. Nat. fit cette loi le 25 Brumaire, an 3 (15. 9bre 1795), lorsqu'elle jugea à propos de refondre toutes les lois publiées jusqu'alors sur ce sujet, pour en faire, s'il est permis de s'exprimer ainsi, *le code de l'émigration : abrogeant*, ce qu'il faut bien remarquer, *toutes les dispositions des lois antérieures qui se rapportoient à l'objet de la nouvelle loi* (1).

Cette loi, après avoir déterminé (Titre I. Art. 1.) ce qu'on doit entendre sous le nom *d'Emigrés François*, fixe également (Section II.) l'époque de l'émigration & les circonstances qui la constituent pour les Département du Mont-blanc & autres pays réunis.

Elle prescrit au Tit. III, un mode pour la formation de la liste de District, & l'on sent assez que ce mode est de rigueur.

Or, ces formalités n'ont point été remplies dans le Département du Mont-blanc par les Directoires de Districts ; & depuis qu'ils ont été supprimés en vertu de l'acte constitutionnel, & qu'ensuite les Directoires de Départemens ont été chargés de faire tout ce qui étoit à la charge de ceux de Districts, le Département du Mont-blanc n'a point suppléé à ce qu'auroient dû faire les Districts sur cet objet.

Les prétendus Emigrés nient que les Directoires de District aient formé, chacun en ce qui le concernoit, une liste des Emigrés de

----

(1) Loi du 25 Brumaire. Tit. 5. Sect. 2. Art. 2.

fon arrondiffement , fur la déclaration des Municipalités (1).

Ils nient que les Directoires de Diftrict aient adreffé, dans le délai d'une décade, deux exemplaires certifiés de ces liftes à la Commiffion des revenus nationaux (2).

Ils nient que ces liftes aient été affichées dans les chefs-lieux de Cantons & de Diftricts (3).

Ils nient que les Directoires de Diftrict aient annoncé par voie de proclamation le dépôt au Secrétariat de leur adminiftration de la lifte générale à eux envoyée par la Commiffion, avec l'indication des lettres initiales des noms des Emigrés qui s'y trouvoient compris, *afin que les citoyens puffent en venir prendre connoiffance* (4).

Il fuit de ces données qui font des faits incontestables :

1°. Que la lifte des Emigrés du Mont-blanc du 27 Fructidor, an 2, n'ayant d'autres bafes que les lois de la Conv. Nat. rélatives aux véritables Emigrés François, & ayant été formée dans un tems où les caractères conftitutifs de l'émigration n'étoient point encore fixés par une loi particulière au Mont-blanc, cette lifte, quant aux citoyens de ce Département, doit être confidérée comme non avenue & n'a pu les atteindre.

2°. Qu'on n'a pu former légitimement une lifte d'Emigrés dans le Mont-blanc, qu'en vertu de la loi qui a fixé, pour la première fois les caractères de l'émigration dans les

---

(1) Loi du 25 Brumaire. Tit. 3 Sect. 1. Art. 1 & 2.
(2) Ibid. Art. 7.
(3) Ibid.
(4) Ibid. Art. 13.

pays réunis; c'est-à-dire, en vertu de la loi du 25 Brumaire, an III, postérieure de deux mois à la liste du 27 Fructidor an 2.

3°. Que c'étoit seulement depuis la publication de cette nouvelle liste, faite en exécution de la loi du 25 Brumaire, que le terme de cinq décades pouvoit courir au préjudice de ceux dont les noms auroient été inscrits dans la liste.

4°. Que si cette nouvelle liste n'a pas été faite, c'est sans doute par la raison que le Directoire du Département aura cru avoir satisfait à la loi, d'une manière suffisante, par la liste du 27 Fructidor, qui étoit cependant prématurée & insuffisante pour un pays réuni, à l'égard duquel rien n'avoit encore été statué sur le fait d'émigration.

Pour mettre cette proposition dans tout son jour, il faut entrer dans quelques détails sur l'esprit de la loi du 25 Brumaire, mal rédigée en général & souvent obscure.

La Convention nationale voulant réunir toutes les mesures de rigueur sur la tête des Emigrés François, songea surtout à prendre les précautions nécessaires, pour qu'aucun d'eux ne pût lui échapper dans la foule. Elle porta donc son attention sur les listes d'Emigrés; &, songeant que les anciennes pouvoient n'être pas complettes, elle les annulla toutes; recommençant la procédure, s'il est permis de s'exprimer ainsi, contre tous les Emigrés en général, & prescrivant dans le Tit. 3e la formation de nouvelles listes.

Mais comme une liste faite très-peu de tems avant la publication de la nouvelle loi ne pouvoit faire grand tort à l'Etat, les Législateurs jugèrent convenable de maintenir les liftes faites dans les cinquante jours qui auroient précédé la publication de la loi ; & ils ftatuè- rent : *Que toute perfonne portée fur les liftes d'Emi- grés dans les cinq décades qui auroient précédé la promulgation de la loi, feroit réputée émigrée,* comme les autres, *fi elle n'avoit pas réclamé &c.* (1) : il n'y a que cette feule exception à la difpofition générale qui annulloit les anciennes liftes.

Or, tout le monde conviendra fans doute que dans une loi de rigueur, les formalités font de rigueur ; enforte que la lifte du **27** Fructidor, fe trouvant antérieure de deux mois, à la date de la loi du 25 Brumaire, & de plufieurs mois, peut être, à celle de la pro- mulgation, il s'enfuit que la lifte étoit nulle, & que les Diftricts devoient en former une nouvelle.

On a parlé d'une publication de cette même lifte faite à Chambéri, le 24 Ventôfe, an III, (14 Mars 1795) cela peut être ou n'être pas, & peu importe aux prétendus Emigrés ; car ce n'eft point la lifte du 27 Fructidor qu'il falloit publier, mais bien la nouvelle faite en con- formité de la loi du 25 Brumaire, & ce n'eft point à Chambéri feulement qu'il falloit la pu- blier, mais *dans les Chefs-lieux de Diftricts & de Cantons... afin que les citoyens puffent en venir prendre connoiffance.*

Ajoutons que la lifte générale des émigrés faite pour toute la République, ne fe compo- fant que des liftes particulieres fournies par les Départemens, la tranfcription faite dans la première, n'a pu couvrir les vices de forme qui pouvoient vicier les fecondes. Cette pro-

____

(1) Loi du 25 Brumaire. Tit. 3. Sect. II. Art. 32.

position paroissant de la plus grande évidence ; quand même la liste du 27 Fructidor seroit venue prendre place dans la liste générale, ce qu'on ignore, les prétendus Emigrés Savoisiens n'en croiroient pas leur cause plus mauvaise.

Il n'y a donc point de listes d'Emigrés dans le Mont-blanc ; & quand il y en auroit une, il n'y auroit point de publication.

C'est donc une chose absolument indifférente qu'un individu Savoisien ait ou n'ait pas été porté dans la liste des Emigrés du 27 Fructidor, an II. Cette liste n'a pu constituer ni déclarer l'émigration de cet individu : elle n'a pu lui imposer silence & le priver du droit de réclamer. Il tient ce droit de la loi du 25 Brumaire, qui lui accorde, pour l'exercer, un délai de cinq Décades, *dans le cas où il se trouveroit compris dans une liste, formée en exécution de cette loi.*

Mais comme ces listes n'ont point été formées, il s'ensuit qu'aucun terme fatal n'a pu courir jusqu'ici au préjudice des Savoisiens ; & que, malgré la liste du 27 Fructidor, ils conservent tous le droit de réclamer dans cinq Décades, lorsqu'ils seront accusés pour cause d'émigration, ou portés dans les listes d'Emigrés qui pourroient être publiées dans la suite en conformité de la loi du 25 Brumaire.

En effet, suivant les règles les plus vulgaires de la jurisprudence criminelle, n'est-ce pas la légitimité de la citation, qui constitue ce qu'on appelle la *contumace* ? Or, la publication des listes est tout-à-la-fois la citation & l'accusation de l'Emigré (1) si cette citation n'est pas faite

____

(1) Du moins jusqu'à l'expiration des délais ; alors

suivant les formes prescrites par la loi, il n'y a point de citation ; &, comme il n'est pas cité dans les règles, il n'est pas tenu de paroître : ce n'est pas à lui qu'on parle ; il n'a rien à répondre.

Ces considérations sont de la plus haute importance ; car, non seulement, elles décident la question générale, mais elles servent de complément à l'un des moyens particuliers employés au fond, avec le plus d'avantage par la presque totalité des prétendus Emigrés Savoisiens.

En effet, la loi, & surtout l'esprit de la loi du 22 Prairial, an III, parlant hautement pour eux, qui sait (car tout est possible) si quelques personnes n'imagineroient pas de leur objecter qu'ils ne sont plus à tems de se pourvoir après l'expiration des cinq décades accordées par cette loi ? Il peut donc n'être pas inutile de prévenir cette petite chicane de praticien, en montrant que le terme n'a pu courir (1).

Et quand on se tromperoit même, en décidant que le terme a pu courir, les prétendus émigrés trouveroient un moyen infaillible de restitution dans la difficulté des correspondances entre la Savoie & le Piémont. Il faut encore apprendre à la France (car elle ignore tout sur la Savoie) que dans un pays qui, par la nature même des choses, n'avoit pas une seule famille marquante qui ne comptât un ou plusieurs de

---

elle se change en condamnation. C'est ce qu'on peut dire de plus plausible dans ce moment sur la nature ambigue de ces Listes. Il ne sera pas difficile de les appeler de leur vrai nom, si jamais la loi du 25 Brumaire abrogée , ou corrigée.

(1) V. le N°. 5 des notes & pièces justif.

ses membres, nécessairement retenus en Piémont, la tyrannie révolutionnaire, étrangère
à toutes les affections naturelles, mettoit au
rang des crimes toute espèce de correspon-
dance entre parens & amis ; que pour une lettre de Piémont, saisie sur un commissionnaire
humain, ou dans une visite domiciliaire noc-
turne, la puissance du jour ordonnoit l'empri-
sonnement & même la déportation; qu'enfin
la nature fut oubliée, au point qu'une femme
respectable de la capitale, se vit traînée en
prison publiquement au milieu des bayonnet-
tes, pour avoir demandé de sa fenêtre à des
officiers Piémontois prisonniers de guerre, *si
son frère étoit vivant ?*

Ces faits sont notoires, & il ne l'est pas
moins que l'introduction de tous les papiers
françois étoit sévérement défendue en Piémont. Qu'on ne vienne donc point parler *des
cinq décades* aux braves gens dont ce mémoire
défend les intérêts! Ils n'ont jamais eu besoin
de ce terme, puisqu'ils n'étoient pas réguliè-
rement inscrits dans la liste des émigrés, &
quand la loi les concerneroit, il est démontré
que dans leur position, ils ne pouvoient la
connoître ni s'en prévaloir à tems.

Ainsi, sous tous les points de vue, & dans
toutes les suppositions possibles, il n'y a point
d'Emigrés dans le Mont-blanc.

Et c'est en vain qu'on citeroit contre cette
proposition incontestable les aveux de S. M.
le Roi de Sardaigne dans l'Art. 5 de la Capitulation du 15 Mai; car les aveux de ce Prince,
eussent-ils été libres, ne prouveroient rien
contre les Réfugiés Savoisiens, qui sont, à
l'égard de cette pièce, ce qu'on appelle dans

les Tribunaux *le Tiers non ouï.* S'ils démontrent qu'ils ne font pas émigrés, tout aveu contraire, ne venant pas d'eux mêmes, est parfaitement indifférent. Faut-il prouver d'ailleurs, qu'il n'y a rien de volontaire dans ces prétendus aveux ? Non. Car, s'il reste un peu de bonne foi dans le monde, à quoi bon prouver ? Et s'il n'en reste plus, à qui prouver ?

Au reste que les Réfugiés aient été considérés comme Emigrés dans une ou plusieurs pièces émanées du Gouvernement, rien n'est plus simple : ils étoient donnés pour Emigrés, ils ne réclamoient point ; on les traitoit comme tels. Le Directoire s'acquitte de son devoir en pour-suivant les Emigrés en vertu des lois dont l'exé-cution lui est confiée ; mais si l'on vient à con-tester la qualité *d'Emigrés*, la chose change de face, & les actes du Directoire, faits dans la supposition de l'émigration, ne sauroient alté-rer les droits de la vérité.

L'approbation même que le Corps Législa-tif auroit donnée à ces actes ne le gêneroit point ; car, personne ne contestant la qualifi-cation *d'Emigrés*, les conseils n'ont voulu ni pu décider une question qui n'étoit pas portée à leur jugement.

Le préjugé étoit le même de la part de tous les pouvoirs, & l'objet de ce mémoire est pré-cisément de les engager eux-mêmes à juger le préjugé. L'espoir de les intéresser & de les con-vaincre, est le compliment le plus flatteur qu'on puisse leur adresser.

Beaucoup de résistance, nous le savons, a produit beaucoup d'aigreur, & l'instant de la victoire est rarement celui de l'équité ; mais la réflexion montrera bientôt au vainqueur que la jufte réfiftance qui ne fauroit être un crime pour le Souverain , l'eft bien encore moins pour fes fujets ; que toutes les lois rendues à Paris contre les *abfens* du Mont-blanc n'ont pû être que des mefures d'adminiftration, & des actes de Gouvernement provifoires , qui n'ont jamais pu s'étendre légalement jufqu'à l'expropriation des abfens ; que ceux-ci n'é-toient pas tenus de s'y foumettre, tant que la réunion de la Savoie n'étoit pas opérée d'une manière, définitive ; que toute réunion, faite pendant la guerre , eft provifoire de fa nature ; qu'il feroit beau , enfin , après avoir ufé fans réferve des droits du plus fort envers l'ennemi le plus loyal & le plus vertueux, d'effacer des lignes cruelles écrites par le reffentiment, & de proclamer les douces lois de la juftice & de l'humanité fur les ruines entaffées par l'impitoyable victoire.

Ainfi donc , en raffemblant toute la lumière dans un foyer étroit, on croit avoir prouvé folidement, en faveur des prétendus Emigrés, que dans la fuppofition même où la loi du 25 Brumaire fubfifteroit à leur égard, malgré les réclamations de la raifon , & le cri perçant de l'humanité , on ne pourroit fans injuftice repouffer la demande en radiation, propofée d'une manière générale, par tous ceux qui ont fui l'exécrable Tyrannie de l'an II, & fondée fur les difpofitions les plus claires de la loi du 22 Prairial an III; puifque les malheureux qui invoqueroient cette loi, ont fui le Mont-blanc, non pour échapper aux lois de l'égalité, non pour combattre la République & lui chercher des ennemis, non par des craintes imaginaires inventées après coup, pour coloser l'émigration devant les **Tribunaux**; mais pour se soustraire à une persécution inouie, à des excès atroces & solennels exercés sur eux, sans motifs, sans jugement, sans pitié, sans distinction d'âge ni de sexe, avec une brutalité d'autant plus effrayante, qu'elle étoit déterminée, excitée, sanctionnée publiquement par un Proconsul Jacobin, par un Représentant de Robespierre, qui se nommoit *Représentant au peuple.*

Que, si l'on envisage la question d'une manière plus générale, & suivant les règles éternelles de la Justice, il est évident qu'il n'y a point d'Emigrés dans le Mont-blanc, puisque, pour être Emigré, il faut être François, & que les prétendus émigrés ne l'étoient pas, lorsqu'ils s'éloignèrent de leurs foyers.

Que leur pays même n'est devenu véritablement françois qu'en vertu des articles souscrits à Paris par les Envoyés du Roi de Sardaigne le 15 Mai dernier.

Que l'époque du 1er Août 1792, assignée comme la date de l'Emigration Savoisienne, est insoutenable, révoltante même; & qu'elle n'a pu passer d'une législation obscure & éphémère dans le Code françois, que par une obreption visible faite au Corps Législatif.

Que si l'Art. de la loi du 25 Brumaire qui les concerne, pouvoit rendre inutile pour eux le développement de ces principes, ils pourroient avec confiance en demander le rapport au Corps Législatif, qui s'honoreroit par ce grand acte de justice stricte.

Que nulle loi, à moins qu'on ne veuille renverser toutes les notions du juste & de l'injuste, ne pouvant, tout-à-la-fois, créer un

délit, nommer le coupable & le punir ; celle
du 2ʒ Brumaire, en ce qui concerne les prétendus Emigrés Savoifiens, eft frappée d'une
nullité primitive & intrinfèque, qui doit la faire
regarder comme non avenue, & donne aux
Législateurs toute l'aifance poffible, pour fe
livrer à l'impulfion d'une bienfaifance appuyée
fur la juftice.

Que la violation palpable des formes éta-
blies par la loi, vient encore dans ce cas au
fecours de l'équité, en la difpenfant de tout
effort.

Que fi l'on avoit le courage glacial de ré-
trécir une grande queftion de morale & de
politique pour en faire un procès, & d'objecter aux Savoifiens chaffés de chez eux
par la terreur, qu'ils ne font plus à tems
de jouir du Bénéfice de la loi du 22 Prairial, ceux-ci employeroient, mais plus heu-
reufement, les mêmes armes pour fe défendre, & trouveroient dans la violation des
formes, non un moyen de reftitution, mais
une preuve qu'ils n'en ont pas befoin, &
que nul terme n'a pu courir contre eux.

Qu'enfin, dans la fuppofition même où
cette reftitution feroit jugée néceffaire, elle
ne pourroit leur être refufée, puifqu'il eft
prouvé que la prudence d'un côté & la tyrannie de l'autre, confpirèrent pour les empêcher de mettre à profit un éclair de juftice.

PEUPLE FRANÇOIS ! C'eft à toi que nous
en appellons : ne permets pas que l'aggré-
gation d'un bon peuple qu'on vient de
lier à toi, foit fouillée par une horrible injuftice. Les Citoyens vertueux qu'elle dé-

pouilleroit, ne croient point t'invoquer en vain : on peut t'égarer, fans doute, mais non te corrompre entièrement ; & jamais tu ne pourras ceffer long-tems d'être grand & généreux. Quelquefois, pour t'abfoudre aux yeux de l'univers de tant d'excès qui l'ont effrayé, tu dis que des réfiftances coupables ont amené de funeftes écarts ; eh ! bien, nous recevons cette excufe, mais ne vois-tu pas qu'elle doit fauver les malheureux qui t'implorent ? Comment ont-ils pu t'irriter ? Et comment juftifier à leur égard les rigueurs dont on les menace ? Spectateurs paifibles de tes convulfions, ils faifoient des vœux pour ton bonheur, lorfque tu forças leur Souverain de tirer l'épée pour fe défendre. Ceux qui ont porté les armes contre toi, t'ont combattu noblement fans te haïr : ne font-ils pas Francs comme toi ? Ne parlent-ils pas ta langue ? Refpectes la parenté de deux peuples, & ne fais point couler de larmes déshonorantes pour toi. Si tu laiffes pénétrer dans ton cœur la douce pitié ; fi ton cri tout-puiffant arrête les bras levés fur des propriétés facrées ; fi l'inftinct de la générofité, toujours vivant chez toi, te fait repouffer avec horreur les dépouilles qu'on ofe t'offrir, tu fentiras combien il eft doux d'être jufte.

Et Vous, Repréfentans du peuple ! Revenez dans le calme de vos confciences fur la loi qu'on vous dénonce : vous n'y verrez plus qu'une mefure révolutionnaire, l'un des effets malheureux de cette Tyrannie dont le fouvenir fera long-tems rougir les François. Ne croyez pas l'avoir tuée d'un feul coup ;

peut-être elle refpire encore ; mais, à coup fûr, elle a furvécu long-tems au 9 Thermidor. Dominés par fon influence vivace, vous avez propofé folennellement, dans la loi du 25 Brumaire, un prix pour le parjure & un fupplice pour l'honneur : hâtez-vous de revenir fur cette affreufe loi ; c'eft une des plus iniques que l'ivreffe révolutionnaire ait produites. Songez qu'elle fut propofée à la Conv. Nat. déjà dominée par Robefpierre, & que la Convention n'eut pas la force de l'adopter : elle ajourna le crime, voulez-vous le commettre ? Vous fouffrez qu'on infcrive dans les tables de profcriptions les noms des femmes & des enfans qui, fe trouvant ifolés, infultés, menacés fur un point de terre conquis, font allés, fans fortir de leur patrie, refpirer dans une autre Province, à côté de leurs défenfeurs naturels : mais, fous l'Empire de Tibère & de Néron, les femmes & les enfans s'exiloient fouvent avec leurs époux & leurs peres déportés ; & Tibère & Néron permettoient de célébrer cette tendreffe courageufe. Voulez-vous recevoir d'eux des leçons d'humanité ? Soyez au moins d'accord avec vous-mêmes, & jugez cette grande caufe par vos propres maximes. Vous décernez des couronnes civiques aux braves Citoyens Habitans des Départemens envahis qui, loin de plier fous l'effort réuni des armes & des promeffes, accoururent fous les drapeaux de la République pour la défendre contre fes ennemis : fort bien ! mais de quel droit puniffez-vous chéz de braves étrangers le courage patriotique que vous couronnez en France ? Vous

avez ordonné que, lorsqu'une Province Françoise seroit envahie, *tous les agens civils du
Gouvernement seroient tenus de se retirer dans
l'intérieur.* Cet ordre est enrégistré dans tous
les Départemens, & c'est une mesure très-
sage de votre part ; mais de quel droit pros-
crivez-vous les agens civils du Roi de Sardaigne, pour avoir fait ce que vous ordon-
nez aux vôtres ? Qu'est-ce donc que cette
Jurisprudence nouvelle, qui se joue du juste
& de l'injuste ; qui jette les lois comme un
filet sur l'innocence éperdue, & donne tour-
à-tour, suivant ses intérêts, au parjure le
nom de civisme, & à la loyauté celui de
félonie ? On a poussé le délire jusqu'à sou-
tenir *que les sermens faits à des Tyrans étoient
nuls, & que rien ne pouvoit dispenser les Savoisiens, employés par le Roi de Sardaigne, de venir
en Savoie jouir des bienfaits de la liberté :* mais
vous ne croyez pas ces dogmes épouvan-
tables, & nous croirions vous manquer, si
nous les réfutions sérieusement. Non, vous
ne maintiendrez point un décret inique ;
non, vous ne serez point sourds à la voix
de l'innocence qui vous demande justice :
jamais elle ne fut plus intéressante ; jamais
on ne dut s'empresser davantage d'essuyer
ses larmes. L'histoire présente cent exemples
de Souverains qui ont respecté la fidélité
dans leurs ennemis, qui ont regardé comme
une véritable conquête l'acquisition de pa-
reils sujets, qui ont puni la félonie lors même qu'elle leur étoit utile : imitez ces bril-
lans exemples : la gloire vous le conseille &
la justice vous l'ordonne. La Nation Françoise parle beaucoup de probité & de vertu :

si ces

fi ces mots, comme on le croit, ne font pas un vain fon pour elle, vous allez le prouver, vous qui la repréfentez. Depuis fept ans, les fanglots de l'infortune, les frémiffemens' de la haine rétentiffent fans intervalle ; ils vous fatiguent fans doute : appellez enfin les accens prefque oubliés de la joie & de la reconnoiffance. Les victimes de votre décret n'élèvent point contre vous une voix infultante : elles difent que vous fûtes trompés ; ofez le dire vous-mêmes ; il doit peu vous en coûter. Eh ! qui ne connoît l'empire des mots & la tyrannie des circonftances ? Si vous fûtes injuftes, ce fut fans le favoir ; ou bien, vous n'étiez pas libres. Les crimes, les erreurs d'une faction ne vous appartiennent point, & la loi du 25 Brumaire n'aura jamais été votre ouvrage, fi vous la révoquez.

MEMBRES du Directoire Exécutif ! Saififfez la noble initiative qui fe préfente à vous, honorez d'une manière folennelle le berceau de la République, en donnant aux plus juftes réclamations le poids impofant d'un meffage : malheur aux Gouvernemens qui commencent par des profcriptions ! c'eft la juftice qui produit l'amour, & c'eft l'amour qui perpétue les Empires.

C. . . . . 15 Juillet 1796.

D

NOTES ET PIÈCES JUSTIFICATIVES.
N°. I.
ANALYSE

Des Procès-verbaux de l'Assemblée nationale des Allobroges. Chambéri, chez M. F. Gorrin, 1792. in-8.

1ere. Journée, 21. 8bre.

RÉUNION des Députés de toutes les Communes de la Savoie dans l'Eglise Cathédrale de Chambéri. Organisation des Bureaux. Vérification des pouvoirs. Recensement des votes pour la réunion à la Nation Françoise. Appel nominal pour la nomination d'un Président & d'un Vice-Président.

2e. Journée.

Scrutin pour la nomination de sept Secrétaires. Choix des Inspecteurs de la Salle. On arrête une formule de serment civique. On prend acte de la lâcheté, de la Tyrannie, & de la Rapine de la Cour de Turin envers la Savoie. Serment de ne plus reconnoître de Royauté ni de Noblesse. Les Députés se constituent *Assemblée Nationale*. Substitution du nom d'*Allobroges* à celui de *Savoisiens*. Fixation du traitement des Députés à 12 Liv. par jour. Députation de la part du Club des Jacobins. Compliment, réponse, honneurs de la séance.

3e. Journée.

On forme des Comités pour rédiger des adresses à la C. N., à l'armée Françoise, & aux communes de Savoie.

Etablissement des Comités de Législation,

(51)

de Finances & de surveillance. Quatre Citoyens donnent à la Nation un diamant,
une montre d'or & deux montres d'argent.
Proclamation des membres du Comité de
Législation.

Le Cit. *Simond*, membre de la C. N. &
Commissaire Député qui se trouvoit à Chambéri, est invité par le Président de paroître
à l'Assemblée, & de se rendre aux Comités
pour hâter leurs travaux, & les aider de ses
lumières. (1)

Le Sénat est admis à la Barre. Discours &
réponse.

Introduction du Cit. *Simond* au milieu des
applaudissemens. Il prononce un discours
d'une énergie neuve. Le Président dans sa réponse exprime la confiance de l'Assemblée.

Décret portant que l'image du Christ, pla-
cée au-dessus du fauteuil du Président, seroit
ornée d'un Drapeau Tricolor & de quelques
attributs d'agriculture & des arts les plus
utiles.

La Municipalité paroît à la Barre. Discours
& réponse. Élection des membres des Comités de Finances & de Surveillance.

---

(1) Nous avions d'abord résolu de placer à la tête
de cette analyse le Portrait en face de *Simond*, parce
qu'il nous paroissoit utile de montrer de quel étrange
personnage les Législateurs François s'étoient rendus
les Secrétaires sur la question des prétendus Emigrés
Savoisiens; mais, tout bien considéré, ce mémoire
n'est pas du tout destiné à faire rire; & d'ailleurs,
le nom de cet homme peut être porté par de fort
honnêtes gens; ainsi nous laisserons dormir en paix
Monsieur Simond.

4ᵉ. *Journée.*

Proclamation de ces membres. Un Ingénieur demande des ordres pour le rétablissement d'une digue dont la dégradation pourroit avoir des suites fâcheuses. Honneurs de la séance.

Le Baillage, le Bureau des Finances & Gabelles, & celui des Archives se présentent successivement. Discours & réponses.

Discussion sur la Députation qui devoit être envoyée à la C. N.

La Municipalité de Chambéri vient présenter le projet d'une fête civique & allégorique. Remercimens à la Municipalité. Mention honorable de l'auteur.

5ᵉ. *Journée.*

Rapport du Décret qui fixe à 12 Liv. le traitement des Députés : il est fixé à 6 Liv.

Adresse de remercimens à l'armée Françoise.

Les Administrateurs des biens de l'Ordre de Malthe, ceux des biens de l'Ordre de St. Maurice, les Administrateurs des Postes, les Gardes du Jardin Royal, & les Juges des Terres Seigneuriales se présentent à la Barre. Discours, réponses, sermens civiques, honneurs de la séance.

Lettre de l'Evêque de Chambéri, qui demande à l'Assemblée qu'elle veuille bien lui céder la Cathrédrale pour le Dimanche suivant. Discussions sur cette lettre. L'ordre du jour.

Défense à tout fonctionnaire public de prendre à l'avenir la qualification de *Royal.*

6ᵉ. Journée.

L'Evêque, à la tête de son Chapitre, vient présenter ses hommages à l'Assemblée. Discours, réponse.

Décret en 20 Articles sur l'organisation provisoire des Municipalités & leurs différentes attributions.

Décret en 4 Articles sur le mode adopté pour le payement du traitement des Députés.

Commissaires nommés pour se transporter dans toutes les Communes, y prendre note de tous les biens ecclésiastiques, & recevoir les plaintes & dénonciations des citoyens sur les baux & autres conventions qui pourroient avoir été faites au préjudice & en fraude de la Nation.

L'Assemblée autorise les assemblées populaires pour délibérer sur les intérêts de la patrie, & dénoncer les machinations qui pourroient se tramer contre la chose publique.— Elle nomme des Commissaires pour la rédaction des Procès-verbaux par ordre de matières.

Décret provisoire en 5 Articles sur les Tribunaux. Abolition de toutes attributions & évocations particulières.

Décret en 4 Articles qui abolit les délits de *Lèse-majesté* & leur substitue ceux de *Lèse-nation*. Abolition des Fidéicommis & du délit de port d'armes. Abolition de toute distinction dans les peines.

Des Religieux de différens Ordres se présentent à la Barre. Discours, réponses, honneurs de la séance.

Adoption du sceau national. Des Profesfeurs & des Officiers municipaux fe préfentent à la Barre. Difcours &c.

Décret portant que le Louis vaudra 20 Liv. 8 f. monnoie de Savoie, & l'écu 5 Liv. 2 f.

L'Affemblée ordonne qu'un prêtre, injuftement deftitué par l'Evêque & par le Sénat, fera réintégré dans le temporel de fon Bénéfice.

Rapport du Comité de Législation fur les biens du Clergé, des Emigrés (1), de l'Ordre de Malthe &c.

Décret en 26 Articles qui confifque les biens du Clergé féculier & régulier.(2) Abolition des vœux religieux, de la dixme &

______

(1) Des *Emigrés ! !* Quelle réflexion & quelle équité !

(2) Préambule du Décret. -- *L'Affemblée nationale, confidérant que le Clergé féculier & régulier n'a d'autre but dans fon intention que ceux énoncés par le fondateur de la Religion qu'il enfeigne, favoir, de détruire, combattre l'efprit d'Egoïfme & d'Ambition en repréfentant aux fidelles le néant & l'inconftance des biens de ce monde, de ramener tous les hommes au niveau de l'égalité, en prévenant par l'apologie & l'exemple du défintéreffement & de la charité, l'explofion de ces paffions véhémentes qui fortent les hommes de leurs places ordinaires, les changent en ufurpateurs infatiables, toujours dangereux pour la liberté. --- Confidérant que tous leurs biens leur font parvenus fucceffivement, ou par conceffion des Rois ou autres Prépofés à la chofe publique, ou qu'ils ont été abandonnés à l'Eglife & à fes deffervans, tant pour leur entretien que pour la fplendeur & les frais du culte qui feront déformais à la charge de la Nation. --- Confidérant que, dans tous les cas, ils ont été donnés à l'Eglife ou à fon Clergé définitivement, & jamais aux individus nominativement & à titre de propriété perfonnelle &c.*

du casuel. Fixation du traitement des fonctionnaires ecclésiastiques. Transport de toute espèce de patronage aux Communes.

Décret en 5 Articles sur les biens des *Emigrés* (1) Autre Décret qui confisque les Domaines Royaux, ceux de l'Ordre de Malthe, & de celui de St. Maurice.

Abolition de toute exemption d'impôts. Décret portant que les féances des fonctionnaires publics & des prêtres rassemblés pour délibérer, feront publiques.

7e. Journée.

Décret en 8 Articles qui abolit la noblesse héréditaire, les livrées, les bancs, les fourches patibulaires & toute distinction dans la distribution du pain-bénit.

L'Assemblée déclare que tous les délits font personnels.

Décret en 6 Articles qui abolit fans indemnité tous les droits féodaux, lorsqu'on ne fera pas coufter par écrit qu'ils prennent leur source dans une conceffion de fonds.

Décret en 4 Articles qui abolit la Gabelle & les Douanes. — Autre en 5 Articles qui statue fur le papier timbré. — Autre en 4 Articles qui vote la réunion de la Savoie à la France. Abolition des jeux de hazard & du droit de Bourgeoifie. Décret portant que les garnitures d'argent des bâtons des Officiers Municipaux de Montmeillant, offertes à l'Affemblée, feront portées au tréfor national. Etabliffement & organifation d'une Af-

---

(1) Nous le donnerons dans fon entier à la fin de cete analyfe.

ſemblée proviſoire. Emancipation des enfans de famille à 25 ans pour les hommes & à 21 pour les femmes. Abolition de la torture.

Actions de graces au Citoyen Simond.

8e. *Journée.*

Fête civique.

9e. *Journée.*

Election des Députés à la C. N. & des 21 Membres de la Commiſſion proviſoire. Décret en 6 Articles ſur le tems & le mode de convocation de la prochaine Aſſemblée nationale, dans le cas où la réunion ne ſeroit pas acceptée.

L'Aſſemblée ſoumet à la Commiſſion proviſoire tous les Citoyens, tous les tribunaux, & tous les pouvoirs proviſoires.

Après quoi elle prononce que les ſéances ſont finies; & ſe diſſout *ſous les auſpices de la liberté & de l'égalité.*

Si L'ON conſidère la nouveauté des circonſtances, l'efferveſcence des eſprits, la multiplicité des objets &c., on conviendra ſans doute que les Députés n'auroient pu faire bien dans un tems plus long, & que des hommes du plus grand talent n'auroient pu faire mieux dans un tems auſſi court.

Maintenant, nous allons mettre ſous les yeux de la France la loi des Allobroges ſur les biens des *Emigrés.* (Procès verbaux p. 45.)

„ L'Aſſemblée Nationale conſidérant que, dans ces momens de criſe qui précédent & accompagnent les révolutions politiques des Empires, tout citoyen doit énoncer par un

acte pofitif fa foumiffion à fes décrets, & con-
ferver fes forces & fes moyens pour la défenfe
de la liberté & de l'égalité. "

„ Confidérant qu'en contradiction de ces
principes, il s'eft fait une émigration extraordinaire de *gros* propiétaires (1) & de ci-devant privilégiés &c. décrète ce qui fuit : "

ART. I.

„ Tous les Citoyens qui ont émigré dès le
1er. Août, font invités à reprendre leur domicile ordinaire dans le laps de deux Mois,
& provifoirement tous leurs biens font féqueftrés, avec défenfe à tous les procureurs, débiteurs, cenfiers &c. de *ne* rien aliéner, hypo-
téquer ou acquiter que fur l'autorifation des
Sindics & Confeils des Communes qui attef-
teront à la Commiffion provifoire d'Adminiftration la rentrée & réfidence des *Emigrés*. "

ART. I I.

„ Il eft défendu à tout notaire & receveur
d'Actes publics d'authentiquer aucun acte de
vente, quittance, échange &c. en faveur d'un
Emigré, fans la permiffion des municipafités".

ART. III.

„ Tout *Emigré* qui, dans deux mois, n'aura
pas rejoint fon domicile ordinaire, ou ne fera
pas confter des caufes légitimes de fon retard,
fubira la confifcation de tous fes biens au
profit de la nation ".

ART. IV.

„ A cette Epoque, il fera fait inventaire

---

[1] *De gros propriétaires* ! C'eft le titre du délit.

à double... de tous les biens meubles & im-
meubles des *Emigrés*....

Voilà donc l'Épithète *d'Emigré* (devenue sy-
nonime de celle de *proscrit*), la voilà appli-
quée brusquement, à des Citoyens irréprochables ; à des femmes, à des enfans, à des
vieillards effrayés par une invasion inatten-
due & par l'approche des malheurs qu'elle
devoit entraîner, qui sont allés, poussés par
la crainte la plus juste, & sans aucune vue
hostile, même possible, chercher un asyle
dans une province non conquise de leur pro-
pre Patrie !

A la fin d'Octobre & dans un moment où
toute communication étoit sévèrement in-
terrompue avec le Piémont, on leur donne
deux mois pour repasser les Alpes !

Avant qu'il y ait une loi qui défende *l'émigration*, on les appelle *Emigrés* ; & avant qu'ils
aient désobéi au décret, on jette le séquestre sur leurs biens !

Le tems viendra, & il n'est pas loin, où
la nation rougira de ce monument honteux :
elle en rougira, comme s'il étoit son ouvrage, & c'est par elle qu'on apprendra combien il lui est étranger (1).

La loi des Allobroges a passé dans le code
françois en ces Termes :

„ *Sont Emigrés tous ci-devant Savoisiens qui* ,

---

(1) Nous avons encore une espérance qui ne sera
pas trompée, si nous en croyons un pressentiment
flatteur ; c'est que les Députés du Mont-blanc se ren-
dront à cet égard les véritables organes de la Nation.
Oui, nous aimons à le croire, ils n'attendent que le
moment favorable, & lorsque ce moment sera arrivé ;
avant de les remercier, il faudra sans doute les féliciter.

domicilés dans le département du Mont-blanc, en sont sortis AVANT le 1er Août 1792, & n'étoient pas rentrés sur son Territoire ou toute autre partie de la République au 27 Janvier 1793.".

(Loi du 25 Brumaire. Tit. 1 Sect. 2 Art. 6. dans le Bulletin des Lois, N°. 89.)

On voudra bien faire attention à ce mot *d'avant*, qui se trouve dans la loi & que nous avons distingué par des lettres capitales. Loin de le regarder comme une faute ordinaire de Typographie, nous oserions faire le pari qu'il se trouve dans l'original manuscrit déposé aux archives du Corps Législatif ; nous croyons y voir la main d'un Rédacteur qui copie méchaniquement une décision dont il ne voit pas le motif, & qui écrit négligemment *avant*, pour *depuis* : au fond, l'un est aussi raisonnable que l'autre.

N°. II.

Réglement pour la maison commune du District de Chambéri.

L'Administration du District de Chambéri ayant entendu la lecture du projet proposé par la Municipalité de cette Commune, pour mettre en exécution le décret du 26 Brumaire qui porte que les suspects détenus doivent avoir la même nourriture frugale.

Considérant que la détermination, prise de les réunir tous dans un même local, nécessite des changemens dans ledit projet.

Considérant que, ces individus ayant, par leur immoralité & leur incivisme, non-seulement retardé notre régénération, mais encore

tout mis en ufage pour opérer une contre-
révolution , & nous ramener à l'efclavage par
leur coalition , *finon de fait du moins de volonté,*
avec les ennemis de la République , ce feroit
infulter aux principes de la juftice & de l'humanité que de les traiter mieux que nos frères
d'armes qui répandent journellement leur fang
pour confolider la liberté.

Confidérant enfin que la Convention nationale dans fa fageffe a fixé le *maximum* de leur
dépenfe à 50 fols par jour (1) & qu'il eft jufte
que l'excédent de leur revenu foit employé
à des objets d'utilité publique pour venger
en partie l'immenfité des maux qu'ils ont cau-
fés , eft d'avis d'adopter les articles ci-après[2]:

Art. 1. Toutes les perfonnes mifes en état
d'arreftation pour caufe de fufpicion feront
renfermées dans le ci-devant évêché & bâti-
mens y annexés , de manière que les ci-devant
prêtres ne puiffent avoir aucune communication avec les ci-devant Nobles & autres , &
que les femmes ne puiffent également communiquer ni avec les uns ni avec les autres.

Art. 2. Il fera formé trois tables dans cette

---

[1] L'affignat perdoit à cette époque environ 70
pour 100.

[2] En lifant ces articles fi durs , fi baffement in-
humains, fi révoltans à l'egard d'une foule de citoyens
irréprochables rentrés dans le Mont blanc fur la foi
d'une invitation nationale , on s'écriera fans doute :
*comment l'humanité a-t-elle permis qu'un tel réglement
fut exécuté?* Mais cette exclamation feroit une erreur.
Il faut s'écrier au contraire : *comment l'humanité a-t-
elle permis qu'il ne fut pas exécuté?* Les prifonniers
pour qui la fubfiftance phyfique étoit une contrebande ,
auroient demandé comme une faveur l'exécution loyale
& ponctuelle de l'inique réglement.

maifon d'arrêt, une pour les ci-devant prêtres, l'autre pour les ci-devant Nobles, &
l'autre pour les femmes, dans trois différentes falles, & l'on placera dans chacune d'icel-
les un fourneau pour le chauffage dans le
tems d'Hiver....

Art. 5. L'heure du repas demeure fixée à
11 h. pour le dîner & à 6 pour le fouper.

Art. 6. Le diner des détenus fera compofé
de la foupe, de deux portions en pommes
de terre, légumes & autre Ortolage, & le
fouper en une portion pareille à celle du diner, une portion de falade, du fromage ou
du fruit. Les jours de decadi & de quintidi,
l'on fubftituera à une portion ci deffus, favoir pour le dîner une portion de bouilli, &
pour le fouper une portion de rôti. Les portions feront fournies de demi-livre de viande
par jour pour chaque individu.

Art. 7. Il fera fourni par jour à chaque détenu une bouteille de vin foit demi-pot franc,
potable & vieux jufqu'au 1er Germinal, &
une demi-bouteille pour les femmes; & tant
aux uns qu'aux autres une livre & demie de
pain de l'égalité.

Art. 8. Ceux qui feront dans les infirmeries
enfuite d'un certificat de deux Officiers de
fanté, auront tous les jours à chaque repas
une portion en gras & du bouillon.

Art. 9. Les détenus des deux fexes qui
s'occuperont à des travaux utiles à la chofe
publique, après en avoir obtenu l'agrément
de la Municipalité, pourront au moyen du
produit de leur travail, qui devra être verfé
immédiatement entre les mains du concierge
qui en tiendra note, fe procurer les différens

comestibles & autres objets qu'ils jugeront
à propos; mais il est expressément défendu
au concierge d'en permettre l'introduction
de toute autre manière.

Art. 10. Pendant chaque repas qui ne devra
durer qu'une heure, il sera fait lecture dans chaque salle par un des détenus à tour de rôle
& à haute & intelligible voix, des Bulletins
de la Convention Nationale, de l'Acte constitutionnel [1] & de quelques autres écrits
civiques.

Art. 11. Il sera fourni au détenus des deux
sexes le tabac nécessaire à ceux qui ont l'habitude d'en user.

Art. 12. Il leur sera de plus fourni le linge
& les habillemens qui leur seront nécessaires,
par la Municipalité sur la note que lui sera
passer le concierge tous les trois mois, soit
les premiers Vendémiaire, Nivose, Germinal
& Messidor, contenant le détail des Articles
réclamés par chacun d'eux, laquelle note sera
de suite transmise avec l'avis de la Municipalité, à l'Administration du District, qui
prendra les mesures convenables pour faire
faire lesdites fournitures.

Art. 13. Il sera livré au concierge sous sa
responsabilité, moyennant l'inventaire préa-
lable qu'en fera faire la Municipalité, les meubles & linges nécessaires à l'usage de la table,
qu'il sera tenu de soigner & de retirer en lieu
sûr à la fin de chaque repas.

-----

[1] Belle parodie des Repas de Religieux ! Au reste,
si, par des lectures répétées, les *castes funestes* em-
prisonnées à Chambéri, apprirent par cœur l'Acte cons-
titutionel de 1793, il faut avouer que ce fut du tems
bien mal employé.

Art. 14. L'on changera le linge des détenus tous les quintidis & décadis, ceux de la table tous les décadis, & les draps de lit tous les mois en hiver & tous les quinze jours en été.

Art. 15. Les détenus des deux sexes feront obligés de faire eux-mêmes leurs lits, de balayer & de tenir propres leurs chambres, les appartemens destinés à leurs usages, de s'aider alternativement à mettre la table ; & s'il y en avoit de vieux & de valétudinaires, les autres feront tenus de remplir pour eux & à tour de rôle ces différens objets. Ils ne pourront tenir aucuns animaux domestiques.

Art. 16. *La nourriture qui leur fera fournie, fera mife aux encheres au rabais.*

Art. 17. Le cuifinier & fes prépofés ne pourront en aucune manière communiquer dans l'intérieur des appartemens ; pour cela, il fera conftruit une porte fur le derrière pour l'entrée de la cuifine : celle fur le devant fera bouchée, & l'on formera dans le mur un guichet pour y faire paffer les plats & comeftibles ; ils feront furveillés par le concierge *qui ne laiffera le guichet ouvert qu'un moment & pendant le repas.*

Art. 18. Le concierge pourra entrer dans la cuifine lorfqu'il le jugera à propos, pour caufe de fûreté feulement & non pour fe mêler des affaires relatives à la cuifine ; il devra fe choifir un homme probe & bon patriote pour recevoir & placer à leur deftination les plats & comeftibles.

Art. 19. Le cuifinier & fes prépofés ne devant pas entrer dans l'intérieur des appartemens occupés par les détenus, il s'enfuit

qu'il ne peut être chargé que de leur nourriture.

Art. 20. Le concierge devra en conféquence fe charger des fournitures en bois,
lumière, blanchiffage de linge & ballets.

Art. 21. Durant l'hyver, foit dès le premier Brumaire jufqu'au 1er. Floréal, il devra
fournir une corde de bois pour chaque trois
jours, tant pour les fourneaux que pour les
infirmeries, un reverbere dans chacune des
falles & une chandelle dans chaque infirme-
rie; & il lui fera payé pour les fournitures,
y compris celle des ballets, quatorze livres
par jour.

Art. 22. Le concierge devra encore fournir à chaque détenu, pendant l'hiver feulement, une chandelle de quatre à la livre,
tous les quintidis, & tant en hiver qu'en
été, le blanchiffage de leur linge perfonnel,
de celui de la table ainfi que des draps, &
pour cette fourniture il recevra à l'expiration de chaque trois mois, une indemnité
fixée commune faite à raifon de 5 Liv. pour
chaque détenu.

Art. 23. L'ufage de la poudre eft prohibé
à tous les détenus : en conféquence on ne
pourra introduire tous les décadis & les quintidis un barbier que pour leur faire la barbe,
& il percevra pour ce quinze fols par mois
pour chaque détenu.

Art. 24. Pour extirper le fanatifme dans la
maifon commune, l'on n'y laiffera entrer ni
fubfifter d'autres livres que ceux analogues
au Gouvernement de la République; la Municipalité demeure en conféquence chargée
de

de faire une vifite pour y enlever tous les autres & tous fignes de fanatifme...

Fait en féance le 7 Prairial, an 2 de la Rép. Françoife une, indivifible & démocratique. Signé à l'original, MOREL, agent national, les membres préfens à la féance. GABET, Secrét.

Nous ne faifons aucune réflexion fur cette étrange pièce ; mais nous proteftons fur notre honneur & pour notre honneur, que ces turpitudes barbares font abfolument étrangères à la nation Savoifienne. Quel bien refteroit-il aux prétendus Emigrés, s'ils étoient encore condamnés à rougir de leur Patrie.

N°. 3.

PROCLAMATION D'ALBITTE.

LIBERTÉ-ÉGALITÉ.

Au nom du Peuple François.

Albitte, Repréfentant du Peuple, envoyé pour l'exécution des mefures de falut public, *& l'établiffement du Gouvernement Révolutionnaire* dans les Départemens de l'Ain & du Mont-Blanc :

Confidérant que le Peuple François, en proclamant à la face de l'univers les droits de l'homme, & en décrétant la Républ. une, indivifible & démocratique, a fouverainement ment profcrit jufqu'aux derniers veftiges d'Ariftocratie :

Confidérant que le moindre germe *de la lépre féodale*, négligé plus long-tems, pourroit fermenter dans le fein de la Républ., & l'expofer aux ravages affreux des épidémies politiques :

Confidérant que, jufqu'à ce jour, une bar-

bare indulgence, une liberticide modération, ont prolongé le déchirement national, & retardé les progrès de la Révolution, dont les heureux résultats ne peuvent être fixés que *par l'anéantissement total du criminel parti de l'opposition*, & par le triomphe le plus complet de l'égalité :

Considérant que, tandis que tous les efforts de la presqu'unanimité Françoise ont été dirigés constamment, & avec une énergie digne de l'admiration du monde, vers la conquête de la liberté, une Caste dévastatrice a émigré du territoire, & s'est imposé l'horrible tâche de déchaîner contre la Patrie les Tyrans de l'Europe, & de diriger leur rage contr'elle :

Considérant que la presque totalité de ceux de cette *race funeste* qui sont restés au milieu de la Républ. tient par l'orgueil & l'éducation, par les liens du sang & de l'intérêt, par tous les préjugés, par tous les vices, aux infâmes émigrés ennemis de la Républ. ; qu'elle a partagé avec ces monstres l'affreux emploi de déchirer le sein de la patrie, & de seconder les projets les plus Nationalicides, tantôt par de nombreuses trahisons au milieu des armées & des places frontières, tantôt par les plus perfides correspondances, tantôt en formant des foyers de Rébellion & de guerre civile dans l'intérieur, tantôt en agitant la torche du fanatisme, en alimentant l'agiotage, & en exerçant l'accaparement; enfin en appelant perpétuellement, sous le manteau de l'hypocrisie & de l'indifférence, les jours chimériques de la Contre-révolution.

Confidérant l'urgence des circonftances dé-
cifives où fe trouve la Républ. & la néceffité
de hâter les mefures préliminaires, qui doivent faire connoître pleinement ceux d'entre ces individus qui font ennemis de la Révolution, *& déterminer le parti définitif qui fera
pris envers eux*, en même tems que la patrie,
la raifon & l'humanité régénéreront ceux qui,
par des vertus civiques, un patriotifme vrai
& fincère, & un conftant devouement à la
caufe de la liberté & de l'égalité, font dignes d'être admis à la fraternité Républicaine,
arrête ce qui fuit :

ARTICLE I. Tous les ci-devant Nobles de
l'un & de l'autre fexe, non détenus, dépuis
l'âge de 18 ans jufqu'à celui de 70, font fommés de fe rendre, dans le delai fixé d'une
décade, dans le chef-lieu de leurs Diftricts
refpectifs, de s'y préfenter de fuite devant la
Municipalité, qui tiendra Regiftre de leur
comparution, ainfi que de la déclaration qu'ils
feront de leur nom & de leur domicile, pour,
de-là, être conduits, fous la furveillance de
ladite Municipalité, dans les maifons de fûreté,
qui feront préparées à cet effet, par les foins
& fous la refponfabilité des Directoires, &
agens Nationaux près des Diftricts, où ils
feront retenus jufqu'après les preuves acquifes
de leur conduite civique.

II. L'arrêté du 12 Ventofe fera foigneufe-
ment exécuté à l'égard des jeunes gens de
l'un & l'autre fexe excepté dans l'article précédent ; & les Municipalités tiendront en arreftation domiciliaire, les vieillards compris dans
la même exception.

III. Tous les ci-devant Nobles dépoferont

dans le même délai, au Directoire des Diftricts refpectifs, les contrats, baux, livres de
comptes, titres de primogéniture, fidéicommis, & généralement tous titres, papiers à
eux appartenans, ou dont ils font dépofitaires.

IV. Ils feront connoître fincèrement leur
fortune, en donnant des états, par eux fignés
& certifiés véritables, de tous leurs biens, de
quelque nature qu'ils foient, foit dans les
départemens de l'Ain & du Mont-Blanc, foit
dans l'étendue de la République, foit par
tout ailleurs.

Suivent huit autres articles qui forment le
complément de toutes les vexations imagi-
nables.

Pour achever de faire connoître le procon-
ful Albitte, nous placerons ici la formule du
ferment qu'il propofoit aux prêtres conftitu-
tionnels, [les autres étoient déportés] & qu'il
leur montroit dans la balance avec le cachot
& la mifère.

*Je fouffigné... âgé de... &c. faifant le métier
de Prêtre dépuis l'an.... convaincu des erreurs par
moi trop long-tems profeffées, déclare en préfence de
la Municipalité de ... y renoncer à jamais. Déclare
également renoncer, abdiquer & méconnoître comme
fauffeté, illufion & impofture tout prétendu caractère
& fonction de prêtrife, dont j'attefte dépofer fur le
Bureau tous brevets, titres & lettres. Je jure en conféquence en face des Magiftrats du Peuple dont je
reconnois la TOUTE-PUISSANCE & la Souveraineté, de ne jamais me prévaloir des abus du métier
facerdotal auquel je renonce &c.*

A la fuite de ces Pièces fi dignes de l'époque qui les vit naître, nous croyons devoir

faire une réflexion qui nous paroît avoir échappé aux bons efprits de France.

C'eſt une chofe inconcevable que l'obſtination dont on ne s'eſt jamais guéri, de vouloir aſſimiler parfaitement la Savoie au reſte de la France. Comment n'a-t-on pas vu que la poſition des Savoiſiens étoit différente de celle des François; qu'on ne pourroit craindre des prémiers ce qu'on craignoit des autres; que les Savoiſiens ne devoient rien à celui qu'on redoutoit par-deſſus tout, & qu'ils ne pouvoient rien pour lui; qu'il y avoit plus de folie encore que d'attrocité à venir dans nos montagnes *corner* les grands mots révolutionnaires, au milieu d'un Peuple-mouton qui demandoit la bouche ouverte ce que tout cela vouloit dire; & de traiter comme des Chefs - Vendéens une troupe de femmes, d'enfans, & d'hommes preſque tous âgés, dont *l'ambition atroce* ſe bornoit à déſirer un Traité de paix qui raméneroit leurs parens; qui ne ſavoient rien, qui ne pouvoient rien, qui ne diſoient rien, qui n'entreprenoient rien, & qui ne demandoient pour toute grâce à la République que la permiſſion de coucher chez eux ſur les matelats que la réquiſition leur avoit laiſſés, & de ſe tenir clos les jours où l'on promenoit la Déeſſe *Raiſon*?

N°. 4.

RAPPORT FAIT A LA CONVENT. N.

Sur les Émigrés Allobroges.

N. B. Nous croyons devoir imprimer cette Pièce peu connue, non-seulement parce qu'elle fournit un argument victorieux en faveur des prétendus Émigrés Savoisiens, mais parce qu'elle nous paroît appartenir à l'histoire de l'esprit humain.

CONVENTION NATIONALE.

Rapport du Comité de Législation, concernant les Émigrés Allobroges , fait au nom du Comité de Législation, par le citoyen Morisson (1) , Député du Département de la Vendée ; imprimé par ordre de la Convention Nationale.

CITOYENS!

La réunion de la Savoie à la République Françoise, l'introduction subite de nos lois dans un pays soumis à un autre Régime , &

(1) Député très-humain, très-estimable, et dont la postérité se souviendra. En prêtant sa plume à ce rapport, il n'exprima point son sentiment particulier ; ou bien il prouva, ce qui n'est déjà que trop clair, que les Révolutions sont plus fortes que les hommes, & que leur tourbillon entraîne, au moins par intervalle, les esprits les plus droits.

étranger à la plupart des événemens qui ont
fuivi notre révolution, ont mis l'Adminiftration provifoire du Département du Mont-
Blanc dans une incertitude qui, entravant
fes opérations, l'a forcée de recourir à la
Convention Nationale.

Tel eft, Citoyens, l'effet ordinaire de la
tranfition fubite d'une Législation à une autre, il eft des actes qui exiftent, pour ainfi
dire, dans l'intermédiaire des deux Législations & qu'on ne pourroit fans injuftice régir
plutôt par l'une que par l'autre; c'eft alors
qu'il faut calculer avec exactitude tous les
rapports de juftice & prendre une détermination qui les concilie avec l'intérêt public.

*Mais une détermination qui n'eft pas dans les dif-
pofitions précifes de la loi, eft au-deffus des pouvoirs
d'un Corps adminiftratif, & les Législateurs feuls
ont le droit de prononcer en pareille circonftance.*

L'affemblée provifoire du Département du
Mont-Blanc, rendant hommage à ces principes, a adreffé à la Convention un mémoire
qui donne lieu aux queftions fuivantes....

[Suivent les queftions, que l'avis du Comité fera fuffifamment connoître.]

Votre Comité de Législation a penfé que
d'après des droits imprefcriptibles, qui exiftent dans l'ordre effentiel des Sociétés, les
hommes ayant la faculté d'aller, de venir,
de refter où leur volonté les porte, les Savoifiens ont pu fortir de leur pays, dans un
tems où il n'exiftoit encore aucune loi, aucune efpèce d'intérêt public qui leur en fît la
défenfe; & dans cette claffe il a rangé nécef-
fairement tous ceux qui font fortis de la Savoie avant la formation de fon Affemblée

nationale, c'eft-à-dire, avant qu'elle eût recou-
vré fa liberté & brifé les fers de fon efclavage.

Mais il n'a pas cru que l'on *devoit* accorder la même faveur à ceux qui, après avoir
eté inftruits que les Députés Savoifiens s'é-
toient conftitués en Affemblée nationale, ont
continué à fervir le defpotifme, au lieu de
venir partager avec leurs frères la gloire &
les avantages de la liberté & de l'égalité (1) :
des hommes qui font affez lâches pour fe cour-
ber fous le defpotifme lorfqu'ils peuvent être
libres, font indignes de toute efpèce de faveur & incapables de devenir des Républicains (2); ils ne pourroient être dans toutes
les pofitions que des hommes vils & corrom-
pus, la Société a le plus grand intérêt à les
rejeter de fon fein, elle doit le faire, furtout
lorfque *tous les principes de juftice* fe réuniffent
pour lui en donner le pouvoir.

Ces principes font *évidemment* applicables
aux Généraux, Commandans, Officiers, qui,
à la différence des fous-officiers & foldats, ont
eu le pouvoir de rentrer dans leur patrie; &
qui, au lieu de lui porter des facultés qui lui
appartenoient fans doute, les ont fervilement
employées au fervice de la Tyrannie.....

En conféquence il m'a chargé de vous
propofer le décret fuivant :

---

(1) Ainfi la loi avoit *droit* de frapper de mort civile,
pour avoir quitté la Savoie, ces mêmes Savoifiens qui
avoient *droit* d'en fortir avant la loi. Rien de plus clair.

(2) Comment! des étrangers *incapables de devenir
Républicains* doivent être dépouillés de tous leurs
biens, parce qu'ils n'ont pas voulu habiter une République? Nous ne comprenons pas bien celà.

Projet de Décret.

L'Assemblée nationale, après avoir entendu le rapport de son Comité de Législation, décrète ce qui suit :

ARTICLE I.

L'article premier du décret de l'Assemblée nationale des Allobroges, concernant les Emigrés, sera exécuté. En conséquence, les Citoyens qui se sont absentés du territoire du Département du Mont-Blanc, sont autorisés à y rentrer dans le délai fixé par le décret, sauf les exceptions énoncées au présent décret.

ARTICLE II.

Les Préposés à l'Administration ou autres Employés, non militairement, au service du Gouvernement Sarde, qui ont reçu ordre avant la date du 22 Septembre, de se rendre en Piémont, ou ont été obligés de suivre les troupes Piémontoises dans leur déroute, sont compris dans les dispositions de l'article ci-dessus.

ARTICLE III.

Les Envoyés, Secrétaires d'Ambassade & autres Employés hors du territoire du Département du Mont-Blanc, sont également autorisés à y rentrer dans le délai fixé par l'article premier, s'ils ont abandonné leur poste & le service du Roi Sarde, dans le délai qui leur a été nécessaire pour être instruits que les Députés Allobroges s'étoient constitués en Assemblée nationale, lequel délai est fixé à un jour par dix lieues de distance de la ville de Chambéri, au lieu de leur résidence en pays étranger.

ARTICLE IV.

Les Envoyés, Secrétaires d'Ambassade, & autres Employés, hors du territoire du Département du Mont-Blanc, qui n'ont pas abandonné leur poste & le service du Roi Sarde dans le délai fixé par l'article ci-dessus, sont réputés Emigrés, & comme tels bannis à perpétuité du territoire de la République Françoise, & sujets à toutes les peines portées contre les Emigrés.

ARTICLE V.

Les Généraux, Commandans & Officiers qui ont
continué à fervir dans les troupes du Roi Sarde,
poftérieurement à l'époque où les Députés Allobroges
fe font conftitués en Affemblée nationale, font également réputés Emigrés & fujets aux peines portées
par l'article ci-deffus (1).

ARTICLE VI.

Les fonctionnaires publics ou eccléfiaftiques qui fe
font abfentés & qui font rentrés dans leur patrie, ou
y rentreront dans le délai fixé par l'article premier,
feront privés de leurs emplois, s'il y a été pourvu
pendant leur abfence ; &, dans tous les cas, ils feront
privés de leur traitement pour tout le tems de leur
abfence.

ARTICLE VII.

Les Allobroges établis en Piémont, ou ailleurs,
dès avant le premier Août dernier, ne pourront être
réputés Emigrés.

ARTICLE VIII.

Les Allobroges qui, fans être domiciliés en Piémont, ou ailleurs, demeuroient cependant, dès avant
le premier Août dernier, hors du territoire de la République, pour leurs études, leur commerce, ou autres
affaires particulières ; feront tenus d'y rentrer dans un
mois dès la date du préfent décret.

N°. 5.

Obfervations fur la loi du 22 Prairial, an III.

Cette loi, ainfi que celle du 22 Nivofe même
année, & quelques autres du même genre,

---

(1) Ainfi, à la fin du 18 Siècle, & dans cette même
falle où l'on avoit mis la probité à *l'ordre du jour*, on
propofe à des militaires, au nom du Peuple François,
de déferter comme des vilains, & on les menace de la
mort civile s'ils font *affez lâches* pour fe refufer à cette
lâcheté ! ... Nous fupprimons les réflexions.

peuvent être envisagées sous deux points de vue très-différens. Si on les considère relativement à leur date & aux circonstances du moment, on peut les louer comme de très-grands pas faits vers le Régime de la justice; mais si on les considère d'une manière absolue, en ne les jugeant que sur les règles éternelles du juste, presque tout leur mérite s'évanouit; on y voit encore *veteris vestigia morbi*: une crainte de trop bien faire, une avarice de justice, qui font peur. Ces lois ne sont pas *bonnes*, parce que le bon parti n'étoit point *encore* assez fort dans le Corps Législatif: elles ne sont pas *mauvaises*, parce que le parti contraire n'étoit *déjà plus* assez fort. Ce sont des espèces de *diagonales* produites par l'action combinée de deux puissances qui poussoient le Corps Législatif vers des points différens. Elles ne peuvent servir que de passage vers un meilleur ordre de choses, & ces mêmes Législateurs qui s'honorèrent par ces lois au moment où ils ne pouvoient faire mieux, se déshonoreroient aujourd'hui s'ils refusoient d'aller plus loin.

Quel est l'esprit de la loi du 22 Prairial en particulier? *C'est que les malheureux qui ont fui la France pour échaper à la hache de Robespierre ne sauroient être envisagés comme Emigrés.* Voilà le Principe.

L'art. 2. le développe en statuant. 1°. *Que l'inscription dans la liste des Emigrés postérieure au 31 Mai 1793, supposeroit une émigration postérieure à cette époque.* 2°. *Qu'il suffiroit d'avoir émigré postérieurement au 31 Mai pour être rayé de la liste, sans être tenu de prouver la résidence depuis cette même date.*

L'or pur du décret est tout dans ces lignes;

le refte eft de l'alliage, furtout l'art. 7, qui dépare entièrement une loi humaine dans fon efprit général. Car, de bonne foi, par quelle raifon les crimes de Robefpierre ne devoient-ils être réparés que pendant cinq décades? Le terme eft bien court après une Tyrannie auffi longue.

Je fus un lâche, s'écrioit un des Légiflateurs dans la féance du 9 Mars 1795 ; *mais, quel eft celui qui n'a pas été auffi lâche que moi* (1)?

Ces apoftrophes familières ne font pas à notre ufage : nous obferverons feulement, qu'après avoir courbé la tête pendant 15 mois fous le fceptre de Robefpierre, il falloit être encore bien fortement enveloppé dans les re-plis de fa *Queue* pour n'accorder qu'un terme de cinquante jours aux malheureux que la terreur de ce monftre avoit éparpillés depuis la Suiffe jufques dans la Crimée.

Plus d'une fois, le Corps Légiflatif s'eft dé-cidé par ces confidérations, en fuivant feulement l'efprit de la loi, & fans s'arrêter aux miférables limitations qui la gâtent.

Il n'y a rien de plus connu que l'hiftoire du malheureux *Dietrich*. Au mois de 7bre 1792, il fe rendoit à la Barre de l'affemblée législative qui l'avoit mandé. A quelques lieues de Paris, il apprit qu'il venoit d'être décrété d'accufa-tion ; il prit la fuite & fe retira en Suiffe, décla-rant que, lorfqu'il feroit affuré que la juftice prononceroit fur fon fort, il ne balanceroit pas de rentrer dans fa patrie pour rendre raifon

____

(1) Journal de Paris. Mars 1795. N°. 172. pag. 703.

de fa conduite. Revenu en France, après une abfence de plufieurs mois, il fut acquitté par le Tribunal du Doubs, qui n'attacha point d'importance à l'imputation d'émigration. Quelque tems après, il fut arrêté & condamné par le Tribunal de Robefpierre, non comme Emigré mais comme confpirateur. Son nom étoit refté fur la lifte des Emigrés : fa famille préfenta une pétition à la Conv. Nat. fur la fin de Thermidor, an III ; par conféquent après l'expiration de tous les délais ; & par un dé-cret du 6 Fructidor fuivant, le nom de *Dietrich* fut rayé de la lifte des Emigrés, & fa famille envoyée én poffeffion de fes biens.

M. de *Montefquiou* décrété d'accufation au mois de 9bre. 1792, fe déroba par la fuite au fort qui l'attendoit. Réfugié en Suiffe, il adreffa un mémoire à la Conv. Nat. qui or-donna, le 20 Xbre fuivant, qu'on lui feroit le lendemain le rapport de ce mémoire. Ce dé-cret ne fut pas exécuté : M. de Montefquiou garda le filence jufqu'au 3 Fructidor, an III. A cette époque, il envoya un 2d. mémoire qui fut lu le 13 ; & le 17, un décret de la C. N. rapporta celui d'accufation porté le 9 9bre. 1792, contre le ci-devant Général qui fut rétabli dans fes droits de Citoyen.

M. de Talleyrand-Perigord étoit parti de France le 10 7bre. 1792, avec un Paffeport & une Commiffion du Gouvernement pour Londres. Le 5 Xbre. fuivant, pendant la durée de fa miffion, il fut décrété d'accufation ; cependant l'acte n'en fut point dreffé, il paffa en Amérique, & le 10 Fructidor, an III, il fit préfenter fa réclamation à la C. N. par un

Chargé de pouvoir. Le 18, la C. N. décréta que le nom de M. de Talleyrand feroit rayé de la lifte des Emigrés, & qu'il pourroit rentrer fur le Territoire françois.

Sans doute, il exifte d'autres exemples ; mais ceux-là nous fuffifent, pour établir que toutes ces queftions doivent fe décider par l'efprit, & non par la lettre précife de la loi du 22 Prairial : la Conv. Nat., comme on vient de le voir, n'eut aucun égard à l'accufa-tion de Fédéralifme & au terme de 5 décades, parce qu'encore une fois, toutes ces limita-tions ne font réellement que des conceffions forcées faites au mauvais principe, & qu'elles doivent difparoître à mefure qu'*Oromafe* l'em-porte fur *Arimane*.

Il n'y a plus ni liberté ni patrie là où la force prend la place de la loi (1). Il n'y avoit donc en France ni liberté ni patrie, pendant la longue & abo-minable Tyrannie du Comité de falut public. Tout François qui prit la fuite durant cet in-tervalle de tems, ne fit qu'ufer de fon droit, il mit fa vie à couvert, & il n'a rien à prouver que la date de fa fuite.

L'obfervation rigide des lois eft belle & bonne dans les tems ordinaires, mais dans les tems de Révolution, & au milieu du choc des Factions, il n'en eft pas de même ; & c'eft fouvent un fort mauvais raifonnement que celui-ci : *cette loi eft écrite ; donc il faut l'exécuter.* A ces époques terribles, une foule de lois iniques, font arrachées par une influence pré-

____

(1) Proclamation de l'Affemblée Légiflative du 3 Septembre 1792.

pondérante ; enfuite elles durent parce qu'elles
font faites, & l'opinion les abroge fouvent,
avant que le Pouvoir Législatif ait pu ou
voulu parler.

N'avons-nous pas vu dernièrement deux
prêtres traduits au Tribunal criminel de Seine
& Oife, pour n'avoir pas obéi au décret qui
leur ordonnoit de quitter la France fous peine
de mort ? La loi étoit claire, & le Commiffaire
du pouvoir exécutif concluoit à la mort. Les
prétendus coupables n'en ont pas moins été
abfous, & l'opinion dans fon reffentiment a
nommé le Commiffaire dans tous les papiers
publics.

Que dit la loi du 25 Brumaire fur les Emigrés, qui oferoient rentrer fur le Territoire
de la République ?

*L'infraction de leur banniffement fera punie de
mort* (1). Rien n'eft plus clair.

Maintenant, fuppofons qu'une femme Emi-
grée, tourmentée du befoin de voir un enfant
qu'elle a laiffé dans fa patrie, franchiffe la
frontière & foit arrêtée. On conduira donc la
pauvre mère (2) *devant le Tribunal criminel du
Département qui la fera traduire dans la maifon de
juftice.... L'accufateur public fera reconnoître fans
délai fi elle eft bien la nième perfonne dont l'émigration eft conftatée par la lifte des Emigrés... & fi les
témoins affirment l'identité de la perfonne ; fans mi-
féricorde, fans délai, fans qu'il puiffe y avoir
lieu à aucun furfis, recours ou demande en caffa-
tion, les juges prononceront la peine de.... Non —*

----

(1) Loi du 25 Brumaire. Titre 4. Sect. 1. Art. 2.
(2) Ibid. Titre 5. Sect. 1. Art. 1. 2. 3. 4.

rentre feulement , malheureufe mère ! Tu ne payeras pas de ta vie le plaifir d'embraffer ton fils ; la loi eft écrite, mais la véritable nation en rougit, & fes regrets l'ont abrogée.

Juillet, 1796.

(*Fin des notes & pièces juftificatives.*)

BIBLIOTHEQUE NATIONALE DE FRANCE
3 7531 00172782 6